Engel an meinem Bett

Titel der Originalausgabe
El Esclavo
© 2001 Anand Dilvar (Francisco J. Ángel)
Herausgegeben von Francisco Javier Ángel Real, Editión especial

Anand Dilvar:
Engel an meinem Bett
© Lüchow in J. Kamphausen Verlag & Distribution GmbH, Bielefeld 2011
Projektleitung: Marianne Nentwig
info@j-kamphausen.de
www.weltinnenraum.de

Übersetzung: Wolfgang Hunklinger
Lektorat: Adele Gerdes
Umschlaggestaltung: Dietlind Ehlers
(Motiv: fotolia/bonsy)
Typografie/Satz: KleiDesign
Druck & Verarbeitung:
Westermann Druck Zwickau

1. Auflage 2011

Bibliografische Information der Deutschen Nationalbibliothek
Die Deutsche Nationalbibliothek verzeichnet diese Publikation in der Deutschen Nationalbibliografie; detaillierte bibliografische Daten sind im Internet über **http://dnb.d-nb.de** abrufbar.

ISBN 978-3-89901-380-1

Dieses Buch wurde auf 100 % Altpapier gedruckt und ist alterungsbeständig. Weitere Informationen hierzu finden Sie unter www.weltinnenraum.de

Anand Dilvar

Engel an meinem Bett

Eine Geschichte über Liebe, Vergebung und die Freiheit des Geistes

Lüchow

Kapitel 1

Etwas lief sehr schief! Das wusste ich in dem Moment, als ich das Bewusstsein wiedererlangte.

Ein Licht blendete mich – und ich war völlig hilflos. Ich konnte nicht blinzeln! Und ich konnte auch nicht den Blick abwenden oder meine Arme heben, um mein Gesicht mit den Händen zu verdecken. Nichts von all dem war mir möglich.

Mein gesamter Körper war gelähmt – und durchzogen von einem entsetzlichen, nie zuvor gekannten Schmerz und einer Eiseskälte.

Vergebens versuchte ich, zu schreien ... um Hilfe zu rufen! Kein Laut entwich meinen Lippen – als sei ich gefesselt und geknebelt –, während mich gleichzeitig infernalischer Lärm quälte.

Es vergingen etliche Stunden, in denen lediglich eines mich erfüllte: furchtbare Verzweiflung. Sie wurde zu panischer Angst, als schließlich einige Gedanken durch den Schmerz hindurch in mein Bewusstsein einsickerten ...

„Wo bin ich?“

„Was ist mit mir los?“

„Ich bin tot!“

An diesem Punkt ließ mich diese entsetzliche Mischung aus Schmerz, panischer Angst und niederschmetternden Gedanken das Bewusstsein verlieren. Gott sei Dank!
Als ich wieder zu mir kam, wusste ich nicht: Waren Stunden oder Tage vergangen?
Ich konnte mich noch immer nicht bewegen, meine Augen waren vollständig geöffnet. Der Schmerz hatte ein wenig nachgelassen; das Licht vor mir blendete mich nach wie vor; doch es war erträglich, und ich war imstande zu erkennen, dass der furchtbare Lärm eine Art künstlicher, tiefer und kräftiger Atmung war ... Ganz sicher war es nicht *meine* Atmung!
Das Nachlassen der körperlichen Qual öffnete das Tor zu einer anderen Art von Leiden: die Verwirrung in meinem Geist und das dringende Bedürfnis nach Antworten.
„Bin ich wirklich tot?“
„Was ist das für ein Atmen, das ich höre?“
„Was ist das, das ich in meinem Mund spüre und das mir im Hals kratzt?“

Nach und nach kamen die Erinnerungen wieder an das, was passiert war – wenn ich auch nicht wusste, ob es vor einem Tag oder vor einem Monat geschehen war: die Party, die Drinks, die Auseinandersetzung mit Laura und die Hartnäckigkeit Eduardos, der so fasziniert war von dieser blödsinnigen Droge und sie unbedingt ausprobieren wollte.

„Hör endlich auf zu trinken ... Siehst du denn nicht, dass du dabei bist, dich zugrunde zu richten?“, hatte Laura mich angeschrien. „Ist es das, was du willst?“
„Ich will mich nicht umbringen. Ich will davonlaufen.“
„Wovor davonlaufen? Du bist verrückt.“
„Ja! Ich bin verrückt. Und du verstehst mich nicht ... niemand versteht mich ...“

Dann hatte ich die zwei blauen Tabletten zum Mund geführt, die Eduardo mir gab. Das war das Letzte, woran ich mich erinnerte.

„Oh mein Gott! Endlich habe ich es geschafft! Ich habe meinem Leben ein Ende bereitet. Doch das kann nicht sein! ... Was ist los mit mir? Warum kann ich mich nicht bewegen? Warum kann ich die Augen nicht schließen?“
„Dieser Schwachkopf hat mich vergiftet“, dachte ich. „Ich bin in der Hölle. Ich bezahle für alles, was ich getan habe ... Und es ist so viel schlimmer, als ich es mir je vorgestellt habe!“
Ich glaubte nicht an das Leben nach dem Tod – doch in diesem Augenblick fand ich keine andere Antwort.
„Nein, mein Gott, vergib mir bitte! ... Gib mir noch eine Chance ...“

Das Geräusch einer Tür, die geöffnet wurde, unterbrach meine Gedanken; dann nahm ich eine weibliche Stimme wahr.

„Aber was macht denn dieses Teil für einen Lärm?“, bemerkte sie.
„Es ist das Einzige, das wir haben! Du weißt doch, wie die Dinge hier stehen“, entgegnete ihr ein Mann.
„Wie ist es möglich, dass wir nur ein Gerät zur künstlichen Beatmung haben?“
„Es ist nun mal so ... Und wir müssen aus dem, was wir haben, das Beste machen!“
„Und der hier, was ist mit ihm passiert?“
„Der hier? ... Der war schon hinüber. Deck ihn ab, damit du es siehst.“
Ein Laken wurde von meinem Gesicht fortgenommen, und ich sah eine Frau in einem weißen Kittel, mit einem Gesichtsausdruck zwischen Staunen und Furcht.
„Er ist wach!“, rief sie.
Der Mann neben ihr beugte sich nieder, um mich anzusehen.
„Ach wo, so haben sie ihn gebracht. Als er in die Notaufnahme kam, sagten sie, er hätte einen Unfall gehabt. Er war völlig vergiftet, aber noch bei Bewusstsein. Er wiederholte immer wieder: ‚Laura, Laura, verzeih mir.’ Danach fiel er ins Koma und in eine Art von *Rigor mortis,* eine Art von Totenstarre. Und wegen dieser komatösen Starre konnten sie ihm seine Augen nicht mehr schließen.“
„Armer Schwachkopf, es wäre besser für ihn gewesen, er wäre gestorben.“

„Es wäre besser für *uns* gewesen! Jetzt müssen wir ihn am Leben erhalten wie eine Pflanze, und er belegt ein Bett, das andere brauchen, und vergeudet Energie."
„Aber ... kann er sehen, hören ... spürt er etwas?"
„Natürlich nicht, sieh nur ..."
Ich sah, wie er eine Kanüle in die Nähe meines Bettes bewegte, und spürte einen entsetzlich stechenden Schmerz in meinem Arm.
„Das tut weh, du Idiot! ... Ich bin am Leben! Ich bin bei Bewusstsein. Hilf mir!", versuchte ich, vergebens, ihn anzuschreien.
„Nutz die Gelegenheit, um das Serum auszuwechseln", sagte der Mann. „Jemand muss ja die Pflanzen gießen."
Die beiden brachen in schallendes Gelächter aus – und ich war voll Wut und Verzweiflung.
Der Mann ging hinaus; die Frau tauschte eine kleine Flasche aus, aufgehängt in einer Vorrichtung neben meinem Bett, und verließ dann auch eilig das Zimmer.
Jetzt hatte ich einige Antworten ... das Gespräch wiederholte sich wieder und wieder in meinem Geist:

Ein Unfall? ...
Er fiel ins Koma? ...
Laura, verzeih mir? ...
... Irgendjemand muss die Pflanzen gießen,
... die Pflanzen gießen ...
... die Pflanzen.

Kapitel 2

In den ersten Tagen erkundete ich das Zimmer. Genau genommen erkundete ich den Teil des Raumes, den mein unbewegliches Blickfeld erfasste.

An der Zimmerdecke hing eine klapprige Neonlampe, die aussah, als könne sie jeden Moment herunterfallen. Rechts von meinem Bett war die Vorrichtung, von der ein Serumbehälter herabhing, den die Krankenschwester täglich austauschte. Noch weiter rechts konnte ich gerade noch einen Zylinder sehen, der einen schwarzen Blasebalg enthielt – einen Blasebalg, der sich im Rhythmus dessen hob und senkte, was ich nun schon als „mein Atmen“ wahrnahm.

Auf der linken Seite machte ich ein kompliziertes Gerät mit mehreren Schaltern, Lampen und Diagrammen aus. Später erfuhr ich: Es war dafür zuständig, meine Atmung, meinen Herzschlag und die Nährstoffversorgung zu überwachen; die Nährstoffe wurden mir mittels eines Schlauches verabreicht, der direkt in meinen Magen führte.

Hinter dem Gerät sah man einen Teil des Fensters – für mich eine Tortur! Vom Licht, das den ganzen Vormittag über hereinfiel, schmerzten meine Augen; es weckte mich und brachte mich wieder und wieder in die Hölle des Leidens zurück.

Dabei war der körperliche Schmerz jedoch nichts im Vergleich zum geistig-seelischen Schmerz! Die Hilflosigkeit, die Schuldgefühle, der Groll, die Angst und die Unmöglichkeit, meine Gefühle zum Ausdruck zu bringen – all das traf in meinem Geist zusammen und machte mich nahezu wahnsinnig.

Jeden Tag flehte ich inständigst darum, nicht wieder aufzuwachen: Sehnlichst wünschte ich mir, diese Maschine, die mich am Leben erhielt, möge versagen und meinem Leiden so ein Ende bereiten.

Wer gab diesen Ärzten das Recht, mich am Leben zu erhalten? Was konnte es noch nützen? Ich vegetierte doch nur noch! Ich war eine verdammte Pflanze, unfähig, mich zu bewegen oder mich auszudrücken!

Das Gefühl unbeschreiblicher Machtlosigkeit ergriff von mir Besitz und verwandelte sich in Hass. Hass gegen die, die mich am Leben erhielten – Hass gegen das Leben selbst.

Die Krankenschwester hatte Recht: Es wäre besser gewesen, wenn ich gestorben wäre. Und doch kam sie jeden Tag herein, mit angsterfülltem Gesicht, um das Serum auszutauschen, das mich ernährte. Und obwohl sie mich für bewusstlos hielt, schaute sie mir niemals in die Augen. Eiligst überprüfte sie alle Schläuche, die von meinem Körper zu der Maschine führten, um dann schnellstens wieder zu verschwinden.

Jeden Tag, den ich sie kommen sah, bat ich sie inständig innerlich, sie möge doch vergessen, mich zu versorgen. Bemerkte sie denn nicht, dass sie mir ganz und gar keinen Gefallen tat, wenn sie mich am Leben erhielt?

„Hey, lass das jetzt bitte“, flehte ich dann, stumm und bewegungslos. „Wenn es dir solche Angst macht, mich anzusehen, komm einfach nicht mehr wieder, lass mich einfach sterben ...“ Doch wieder und wieder sah ich sie ihre Routineaufgaben erledigen und mich dann zurücklassen ... lebend. Immer und immer und immer und immer wieder ...

„Verdammt noch mal, Schluss damit! Bitte! Unternehme doch, bitte, bitte, irgendjemand irgendetwas! Hilf mir jemand! Ich will nicht mehr leben!“

„Besser, du gewöhnst dich daran! Denn wie es aussieht, bist du noch eine ganze Weile da“, hörte ich plötzlich jemanden zu mir sagen. Doch ... da war niemand im Zimmer!

„In was für eine beschissene Lage hast du dich nur gebracht“, beharrte die fremde Stimme.

„Wer bist du? Bist du ein Engel?“, erwiderte ich erschrocken. Irgendwie spürte ich: Die Stimme war anders ...

„Ha! Du warst der Schlimmste der Gottlosen. Und jetzt glaubst du an Gott und seinen ganzen himmlischen Hofstaat? Sei nicht albern.“

„Aber ... wie kannst du wissen, was ich denke? Bin ich verrückt geworden?“

„Das ist wahrscheinlicher.“

„Dann gibt es dich nicht wirklich?“

„Schau mal ... die Sache ist die: Ich kann dir nichts sagen, was du nicht schon wüsstest. Vielleicht wird dir später klar, wer ich bin.“

„Aber ... Laura geht es gut? Warum kommen meine Eltern mich nicht besuchen? Und wann werde ich sterben? Und: Ist das hier eine Strafe?“

„Mann, was bist du doch starrsinnig! Ich weiß nichts, was du nicht auch wüsstest.“

„Dann nützt du mir aber wenig.“

„Wenn du willst, gehe ich wieder.“

„Nein!!! Bitte! Geh nicht fort!“

In diesem Augenblick erinnerte ich mich daran: Laura hatte manchmal von spirituellen Führern gesprochen, mit denen man sich verständigen kann, wenn man reichlich meditiert. Ich hatte das für ein Ammenmärchen gehalten.

„Ich hielt es auch für ein Ammenmärchen“, erwiderte die Stimme, *„Aber das mit dem ‚Führer' gefällt mir.“*

Konnte ein spiritueller Führer dermaßen sarkastisch und unverschämt sein?

„Sieh mal ... wenn du mich nicht leiden kannst, gehe ich wieder. Dann war's das.“

„Nein, sei nicht gleich eingeschnappt, ich will nur begreifen, was hier vor sich geht.“

„Ein bisschen spät! Besser, du hättest vor der Dummheit, die du da verzapft hast, zu begreifen versucht, was vor sich geht.“

„Ich wollte doch nur davonlaufen, flüchten ... vor all den Problemen.“

„Ha! Du wolltest vor deinen Problemen davonlaufen – und hast dich in einen Sklaven verwandelt.“

„Einen Sklaven?"

„So ist es. Du hast keine Wahl; du kannst dich weder bewegen noch äußern. Mehr noch, du könntest dir nicht einmal das Leben nehmen, wenn du wolltest."

„Und du bist gekommen, damit ich mich noch schlechter fühle?", erwiderte ich.

„Ich bin gekommen? Ich bin immer bei dir gewesen. Das Problem ist, dass du mir nie zuhören wolltest. Außerdem: Niemand kann dich etwas fühlen lassen."

„Welch ein Blödsinn! Natürlich können andere mich etwas fühlen lassen! Meine Eltern haben fortwährend dafür gesorgt, dass ich mich ärgerte. Meinen Geschwistern hatte ich zu verdanken, dass ich mich stets minderwertig fühlte. Meine Partnerinnen haben mich ständig enttäuscht und verletzt."

„Sieh mal, ich werde es dir anders erklären ... Bevor du hierher kamst, warst du gänzlich frei, niemand und nichts hatte Macht über dich. Du hattest die Gelegenheit, alles zu tun, was du wolltest ... du warst Herr über dein Leben."

„Und was hat das mit meinen Gefühlen zu tun?"

„Immer mit der Ruhe! Warum hast du es so eilig? Wir haben doch jetzt viel Zeit, um nachzudenken und zu plaudern."

„Du bist ein Zyniker!"

„Machen wir weiter. Du warst außerdem frei, zu denken, was du wolltest, und somit frei, deine Gefühle zu wählen."

„Wie bitte? Meine Gefühle zu wählen?"

„Ja, deine Gefühle können nur aus deinen Gedanken kommen – und so funktioniert das Ganze:

Du denkst an etwas Trauriges und du wirst traurig; du denkst an etwas Ärgerliches und du ärgerst dich; du glaubst, die anderen könnten dich verletzen oder enttäuschen oder dafür sorgen, dass du dich schlecht fühlst. Doch niemand kann in deinen Geist eindringen und dich etwas denken oder fühlen lassen.

Selbst jetzt, in diesem Moment, könnten die anderen deinen Körper bewegen und mit ihm machen, was sie wollen; sie könnten sogar diese Maschine ausschalten, die dich am Leben erhält. Aber in deinem Geist hast noch immer du die Kontrolle."

„Du hast doch behauptet, du könntest mir nichts sagen, was ich nicht schon wüsste!"

„Aber das Einzige, was das beweist, ist: Du bist nicht so dumm, wie du dachtest."

„Wieder diese Beleidigungen ..."

„Es ist keine Beleidigung. Du hieltst dich doch tatsächlich für einen Dummkopf. Und außerdem für ein Opfer – wobei du stets die anderen und die Umstände für das beschuldigtest, was in deinem Leben schief lief."

„Freilich, mein Leben war nicht leicht. Schon allein die Familie, mit der ich es zu tun hatte ...! Und, schlussendlich, hatte ich ziemlich viel Pech."

„Ach du Ärmster! Wenn du so sprichst, stell ich mir dich als Sklaven deiner Vergangenheit vor – ein Sklave der Wünsche anderer, ein Sklave der Umstände und des Schicksals."

„Wie bitte? Hatte ich etwa die Kontrolle über das, was passierte?"

„Du hattest keine Kontrolle darüber, was faktisch passierte. Aber du hattest und hast die Kontrolle über das, was in deinem Geist geschieht. Du allein entscheidest über deine Gedanken und über deine Reaktionen auf das, was passiert."

„Ja, sicher! Als hätte ich angesichts all der Probleme auf eine positive Art reagieren können!"

„Du hattest die Wahl – wie du stets die Wahl hast: Du kannst etwas als Problem sehen – oder als zu überwindendes Hindernis. Du kannst etwas als Fluch betrachten – oder als Herausforderung. Wenn du es nicht warst, der über deine jeweilige Reaktion entschied – wer dann?"

„Jetzt ärgerst du mich aber wirklich! Demzufolge bin ich der einzige Schuldige?"

„Du selbst bist es, der sich ärgert. Außerdem geht es nicht darum, jemandem die Schuld zu geben. Sag mir trotzdem ... wer hat bei jenem Mal deine Hand bewegt, als du Laura schlugst? Wer hat sie bewegt, als du ein Glas nach dem anderen trankst? Wer steckte dir jene Pillen in den Mund, die dich hierher brachten?"

Ich fühlte mich wie kurz vor einer Explosion. Ich war wütend über das, was mir *mein innerer Führer* sagte; und das Schlimmste war, dass er in allem Recht hatte. Doch ich hatte ja kein einziges Ventil für meine Emotionen – ich konnte ja noch nicht einmal weinen.

Zum Glück geschah etwas, das meine Aufmerksamkeit ablenkte: Die Tür öffnete sich und eine Krankenschwester kam herein. Dieses Mal war es nicht jene kaltherzig wirkende Frau, die für gewöhnlich das Serum austauschte.

Die Krankenschwester kam an mein Bett heran und beugte sich nieder, um mich anzusehen.

Ich bemerkte viel Traurigkeit in ihren grünen Augen, ihr blondes Haar fiel ihr ständig ins Gesicht und sie schob es mit ihren Fingern hinter ihre Ohren. Sie betrachtete mich einige Sekunden lang und ich konnte ihren Namen auf dem Namensschild des Krankenhauses lesen: Esperanza *[spanisch für: Hoffnung]*.

„Hallo", sagte sie zu mir.

„Hallo, Esperanza", stellte ich mir vor, ihr zu antworten.

„Du Ärmster. Schau nur, wie es dir geht."

„Du siehst ja, wie das Leben so ist", führte ich das Gespräch in meinem Geist fort.

Sie strich mir über das Haar und sagte: „Mach dir keine Sorgen, ich werde mich um dich kümmern."

„Vielen Dank", dachte ich.

„*Sie ist viel näher dran, ein Engel zu sein, als ich*", bemerkte mein innerer Führer, „*Außerdem ist sie süß!*"

Sorgfältig tauschte die Schwester das Serum aus, brachte die Kissen unter meinem Kopf in Ordnung und überprüfte, ob die Geräte um mich herum korrekt funktionierten.

„Bis morgen“, sagte sie, bevor sie hinausging.
„Bis morgen“, stellte ich mir vor, ihr zu antworten.
„*Bis morgen, Süße!!!*“, rief mein innerer Führer.

Kapitel 3

In jener Nacht hatte ich einen sonderbaren Traum: Ich war eine hölzerne Marionette; ich hing an verschiedenen Fäden, die an meinen Füßen, an meinen Händen und an meinem Kopf befestigt waren. Am anderen Ende dieser Fäden wechselten sich verschiedene Personen dabei ab, mich zu bewegen: Ich sah meine Eltern, den einen oder anderen Lehrer, den Priester und eine Exfreundin.

Alle amüsierten sich prächtig, während sie mich springen und tanzen ließen. Sie brachten mich in lächerliche Posen und nötigten mich, wie ein Affe zu gestikulieren.

In meinem Traum wusste ich, dass ich die Fäden mühelos zerreißen konnte. Doch ich zog es vor, mich von ihnen manipulieren zu lassen. Offensichtlich war es für mich einfacher, die anderen für mich entscheiden zu lassen, als für mich selbst einzustehen.

Als die anderen es leid waren, mit mir zu spielen, ließen sie mich, auf den Boden geworfen, zurück. Der Boden verwandelte sich in ein Bett .. und dann sah man die Zimmerleuchte ... Ich war aufgewacht!

Mit völlig geöffneten Augen zu schlafen, war sehr, sehr seltsam. Abend für Abend war es für mich ungeheuer schwierig, einzuschlafen; und am Morgen kostete es mich viel Mühe, zu erkennen, wann die Träume endeten und die Wirklichkeit begann.

Dass ich träumte, bemerkte ich manchmal daran, dass ich mich bewegen konnte oder dass ich nicht in diesem schrecklichen Krankenhauszimmer war. Dann rannte ich los, um mich möglichst weit zu entfernen, und wünschte inständig, niemals wieder aufzuwachen. Dennoch fand ich mich Tag für Tag im Krankenbett wieder: die Leuchte anschauend, die Zimmerdecke, den schwarzen, sich hebenden und senkenden Blasebalg, die Apparate, die mich in diesem endlosen Albtraum festhielten.

Die Tür öffnete sich und ich sah Esperanza hereinkommen, in der Hand einen Plastikbehälter mit Wasser.

„Guten Morgen", sagte sie.

„Guten Morgen", antwortete ich ihr, wie stets in meinem Geist.

„Heute ist dein Badetag."

„Bitte nicht, wie peinlich!"

Sie befreite mich von dem Bettlaken und zog mir das weiße Krankenhausnachthemd aus, das meinen nackten Körper verhüllte. Ich versank in Gefühlen der Hilflosigkeit und Scham. Ja: Tatsächlich war ich nun die Marionette aus meinem Traum; die anderen machten mit mir, wozu sie Lust hatten.

Doch etwas im Blick der Krankenschwester beruhigte mich – vielleicht, dass sie in mir nicht einen nackten Mann sah, sondern einen Patienten, um den sie sich kümmerte wie um viele andere auch.

Sie tauchte einen Schwamm in den Behälter und begann, mein Gesicht zu säubern ...

„Sieh dich an, du bist so jung."
Warum redete sie mit mir? Wusste sie vielleicht, dass ich sie hören konnte?
„Außerdem bist du nicht hässlich". Sie lächelte schüchtern und errötete ein wenig.
„Ich hoffe, du bist nicht bei Bewusstsein, du Ärmster."
„Ich bin bei Bewusstsein!!!"
„Hoffentlich bist du schon von uns gegangen und das Einzige, was hier zurückgeblieben ist, ist dein Körper."
„Nein, verflucht!!! Ich bin hier und kann dich hören und sehen!"
„Wenn du da drinnen bist, stelle ich mir vor, dass du dich sehr einsam fühlst."
Sie wurde einige Momente lang nachdenklich und ich sah Tränen in ihren Augen.
„Auch ich bin sehr einsam, weißt du. Mein Mann starb vor ein paar Jahren", fuhr sie fort, während sie die Tränen mit dem Ärmel ihres weißen Kittels trocknete. „Seitdem fühle ich mich wie gelähmt, voller Angst und Unsicherheit", setzte sie ihren Monolog fort, während sie meinen Körper mit dem Schwamm säuberte. „Ich nehme an, uns alle lähmen irgendwie unsere Ängste, unsere Verbitterungen, unsere Sorgen oder unsere Traumata ..."
„Sprich mir nicht von Traumata, denn das hat mich hierhergebracht", dachte ich.

„Ich wäre so gern mutiger! Ich würde mich so gern mehr Dinge trauen! Ich weiß nicht ... vielleicht mein Studium fortsetzen oder einen anderen Partner suchen ... Nun ja, so viele Dinge. Aber ich kann nicht."

Sie war damit fertig, meinen Körper zu säubern, und während sie mich wieder anzog, wurde mir bewusst: Von allem, was ich verloren hatte, war es der menschliche Kontakt, den ich am meisten vermisste. Ich hätte ihr gern gesagt, sie solle nicht weggehen – sie solle ein bisschen länger zu mir sprechen.

„Ich muss jetzt weiterarbeiten. Aber ich werde wieder nach dir sehen, wenn ich komme, um das Serum auszutauschen."

„Geh bitte nicht, bleib noch ein Weilchen."

Sie strich mir abermals übers Haar und betrachtete mich einige Sekunden lang mit großem Mitgefühl.

„Du kamst ohne Ausweis hier an und wir wissen noch nicht einmal wie du heißt. Aber sicher suchen dich deine Familienangehörigen schon und kommen dich bald besuchen."

Sie verließ das Zimmer und ich blieb allein zurück, wie jeden Tag. Sie hatte Recht: Ich fühle mich sehr einsam hier drinnen und ... jetzt konnte ich auch erkennen, dass alles meine Schuld war.

„*Schuld ist ein sinnloses Gefühl*", hörte ich einmal mehr die Stimme meines inneren Führers – zu meiner großen Freude. Denn wenn er mich auch mit dem, was er mir sagte, vielfach ärgerte, so verging die Zeit im „Gefängnis meines Körpers" doch besser, wenn ich mit ihm redete.

„Natürlich ist alles meine Schuld. Wenn ich annehme, dass ich keine Marionette der Umstände war, dann gibt es nur einen Schuldigen bei allem, was mir passiert: ich selbst!"

„Dies ist ein Leben voller Widersprüche. Du wirst frei geboren, aber du musst dich bemühen, deine Freiheit zu bewahren, und du musst für sie einstehen. Du, beispielsweise, bist am Leben und bist es gleichzeitig doch nicht. Die Ärzte glauben, du vegetierst nur noch, wie eine Pflanze – aber du bist bei Bewusstsein. Esperanza hingegen hat alle Möglichkeiten, zu tun, was sie will – aber sie fühlt sich gelähmt wie du."

„Wegen ihrer Traumata, sagt sie."

„Das Wort Trauma stammt aus dem Griechischen und bedeutet Wunde."

„Ja, das habe ich in einem Buch über Psychologie gelesen."

„Natürlich hast du das gelesen, sonst könnte ich es dir jetzt nicht sagen. Aber unterbrich mich nicht ... Dies ist der erste Widerspruch des Lebens:

Das menschliche Wesen kommt völlig frei, aber völlig abhängig zur Welt. Tatsächlich ist es von allen Lebewesen dasjenige, das von Seiten seiner Eltern die meiste Aufmerksamkeit beansprucht.

Das Kind weiß es: Wenn sich seine Eltern nicht um es kümmern ... stirbt es! So verwandelt sich die elterliche Liebe in eine Frage des Überlebens.

Zu Beginn seines Lebens weiß das Baby überhaupt nichts. Wenn es nun größer wird ... von wem, glaubst du, lernt es alles über das Leben?"

„Von seinen Eltern."

„Na klar. Wenn du zu einem unbekannten Planeten gelangtest und sähest, wie sich die Bewohner gegenseitig verprügeln, würdest du zu dem Schluss gelangen, das sei hier das Normale."

„Wie der Nichtsnutz von meinem Vater, der uns alle verprügelte."

„Nun weiß aber das Kind auch nichts über sich selbst und ... von wem, glaubst du, lernt es alles über sich?"

„Auch von seinen Eltern."

„So ist es. Das Kind glaubt, dass seine Eltern – diese beiden mächtigen Wesen, von denen sein Leben abhängt –, alles wissen und immer Recht haben. Wenn dein Vater zu dir sagte: ‚Du bist ein Idiot und taugst zu nichts', glaubtest du das."

„Natürlich nicht!"

„Nicht? Was sagtest du zu dir selbst, wenn du einen Fehler machtest?"

„Ich bin ein Idiot."

„Und was sagtest du zu dir, wenn du wieder trankst, obwohl du dir vorgenommen hattest, es bleiben zu lassen?"

„Ich tauge zu nichts."

„Da hast du es! Das Kind ahmt von seinen Eltern die Art und Weise nach, mit der Welt in Beziehung zu treten. Wenn der Vater glaubt, alle Menschen seien schlecht, wird das Kind es ebenfalls glauben. Wenn die Mutter immer besorgt oder ängstlich ist, wird sich das Kind ebenfalls so fühlen."

„So beginnen wir, uns die Marionetten-Fäden an Füße und Hände zu binden, nicht wahr?"

„Genau! So entstehen unsere Traumata oder Wunden. Wenn du als kleines Kind einen Fehler begingst, sodass dich dein Vater ausschimpfte oder schlug, glaubtest du, du seiest böse gewesen, und das verletzte dich mehr als die Schläge. Wenn deine Mutter zu dir sagte, sie liebe dich nicht mehr, als du dich nicht anständig benahmst, verletzte und ängstigte sie dich."

„Dann tragen sie die Schuld an allem!"

„Keineswegs, sei nicht so stur. Auch sie hatten Wunden – und sie taten ihr Bestes, mit dem Wissen, das sie hatten. Auch sie lernten von ihren Eltern, und ihre Eltern von deren Eltern."

„Es ist also ein Teufelskreis."

„Ein Kreis, den man durchbrechen kann."

„Ja? Wie?"

„Indem man aufhört, Schuldige zu suchen. Sieh mal, Schuld ist, genau genommen, die Angst, von den anderen zurückgewiesen zu werden. Eine begründete Angst, denn wenn dich deine Eltern zurückwiesen, als du klein warst, stand dein Leben auf dem Spiel.

Deine Eltern benutzten deine Schuldgefühle, damit du das tatest, was sie für richtig hielten: ‚Wenn du nicht schön isst, bist du ein ungezogenes Kind.' ‚Wenn du dich nicht anständig benimmst, mag ich dich nicht mehr.' ‚Niemand mag Kinder, die lügen oder ungezogen sind.'"

„Aber ... es funktionierte!"

„Natürlich funktionierte es. Schuld ist grundsätzlich ein hervorragendes Mittel, um andere zu beherrschen."

„Aber ohne Schuldgefühle würden wir alle das machen, wozu wir gerade Lust haben – und würden uns gegenseitig umbringen."

„Deshalb sage ich, dass Schuld ein sinnloses Gefühl ist. Denn auch mit Schuldgefühlen bringen sich die Menschen gegenseitig um. Worin der Mensch versagt, ist, die Verantwortung für sich selbst und seine Freiheit zu übernehmen.
Übernimmt ein Mensch die Verantwortung für sein Leben, wird er sich klar darüber, dass er selbst es ist, der sein Schicksal erschafft, und dass jede Entscheidung, die er trifft, seine Zukunft formt. Er übernimmt die Verantwortung für all seine Taten. Er weiß, dass er Fehler begehen wird, weil er nicht perfekt ist – und fühlt sich deshalb nicht schuldig. Wenn man einen Fehler wieder gut machen kann, unternimmt er diesbezüglich etwas; wenn nicht, weiß er: Unabhängig davon, wie sehr er sich für das, was passiert ist, schuldig fühlt – es wird nichts ändern.
Auch mit Traumata und mit Wunden hat der Mensch die Möglichkeit, sein Leben entweder zu verbessern oder sich selbst zu zerstören."
„Wie ich, verdammt noch mal! Hör jetzt auf damit. Wozu kann es mir nützen, das jetzt zu wissen? Hier bin ich wie ein Hampelmann – ohne auch nur die geringste Möglichkeit, dieser schrecklichen Wut und Traurigkeit, die ich fühle, Erleichterung zu verschaffen!"
„Selbst jetzt hast du die Freiheit, deine Gedanken und Gefühle zu wählen."
„Gut, dann treffe ich genau in diesem Moment eine Wahl – damit du endlich den Mund hältst!!! Ich treffe die Wahl, mich unglücklich zu fühlen; ich treffe die Wahl, mich mit Traurigkeit, mit Hass und Groll anzufüllen.

Wenn meine Eltern das Beste taten, was sie konnten, taten sie wirklich überhaupt nichts Gutes.
Ich war frei, aus meinem Leben zu machen, was ich wollte – und ich traf die Wahl, zu trinken und Drogen zu nehmen; ich traf die Wahl, in diesem Krankenhausbett zu enden ...
Heute treffe ich nunmehr die Wahl, alle Hoffnung zu verlieren ...
Das Einzige, was ich möchte, ist: aufhören zu denken, aufhören zu existieren!“

Dies waren meine Gedanken, als sich die Tür plötzlich öffnete.
„Hallo noch mal! So leicht wirst du mich nicht los“, sagte Esperanza, nachdem sie die Tür hinter sich geschlossen hatte.
Sie trat an mein Bett heran und erzählte: „Ich habe gute Nachrichten für dich. Deine Eltern haben dich offenbar schon gefunden.“
„Nein, das kann nicht sein.“
„Sie werden dich später besuchen kommen“, sagte sie, während sie den Serumbehälter auswechselte. „Es wird sehr hart für sie sein, dich so zu sehen ...“
„Nein, verflucht! Ich will nicht, dass sie kommen.“
„... weshalb ich vorhatte, dich ein klein wenig zurechtzumachen.“ Sie holte aus ihrer Tasche einen kleinen Kamm hervor und begann mich zu kämmen. Ihre Berührungen beruhigten mich mehr und mehr.

„Warum machst du das? Warum kümmerst du dich so sehr um mich, wo du mich nicht einmal kennst?"
„Ich bin nicht sehr gläubig, weißt du", bemerkte sie, „aber ich glaube, es gibt einen Gott, der sich um uns kümmert."
„Ja sicher! Deshalb lässt er es zu, dass ich in dieser Hölle bin."
„Ich weiß nicht, warum den Menschen schlimme Dinge passieren", fuhr sie fort. „Aber ich glaube, dass Gott sich durch Unseresgleichen um uns kümmert. Deshalb bin ich Krankenschwester. Ich stelle mir vor, dass ich Gott helfe, sich um andere zu kümmern.
Manchmal glaube ich, dass die Menschen in ihrer Verzweiflung sagen: ‚Oh mein Gott, warum hilfst du mir nicht?' Aber in Wirklichkeit ist Gott in den guten Menschen, die den anderen helfen."
Sie lächelte schüchtern und mir kam es vor, als werde es heller im Zimmer.
„Gut ... jetzt bist du fertig. Ich gehe jetzt, bevor ich noch sentimentaler werde."
Dieses Mal ging sie noch weiter: Sie gab mir zum Abschied einen Kuss auf die Wange.
Meine Eltern kommen!

Mein innerer Führer hat Recht, dies ist ein Leben voller Widersprüche. Ich vermisse meine Eltern so sehr – und gleichzeitig bin ich voll Groll gegen sie. Ich habe so große Lust darauf, meine

Mutter zu sehen – aber ich weiß, dass es ihr viel Schmerz bereiten wird, mich so zu sehen.
Hoffentlich kann ich ihnen vergeben, hoffentlich können sie mir vergeben! Wird Laura mit ihnen mitkommen?
Es wurde Nacht, während ich meinen gemischten Gedanken und Gefühlen folgte – die sich um Vergeben, Schuld und Groll drehten –, bis ich schließlich nicht mehr konnte und einschlief.

Kapitel 4

„Los, Junge, beeil dich, damit du nicht zu spät zur Schule kommst."

„Ich mag die Haferflocken nicht, Mamita."

„Iss, damit du Kraft zum Lernen und Spielen hast."

„Und damit ich Rad fahren kann, denn ... du bringst es mir doch am Samstag bei, nicht wahr? Denk daran, du hast es versprochen."

„Na klar, mein Junge."

Ich war gerade mit dem Frühstück fertig, als die Hupe des Schulbusses ertönte, der mich abholen kam. Meine Mutter besserte meine Frisur noch einmal nach, überprüfte meine Schuluniform, gab mir meinen Pausenbrotbeutel und verabschiedete mich mit einem Kuss auf die Wange.

Ich rannte zur Haustür und als ich sie öffnete, blendete mich die Sonne. Allmählich gewöhnten sich meine Pupillen an das grelle Licht und ich konnte das Gesicht meiner Mutter erkennen – aber nicht jung und ruhig wie in dem Traum, aus dem ich gerade erwacht war, sondern im jetzigen Alter und mit einem Ausdruck tiefer Traurigkeit. Fortwährend trocknete sie ihre Augen mit einem Taschentuch.

Ich erkannte auch meinen Vater, der hinter ihr stand, mit seinem typischen Ausdruck der Ernsthaftigkeit und Stärke. Noch nicht einmal in dieser Situation erlaubte er sich, seine Gefühle zu zeigen. Er legte seine Hand auf die Schulter meiner Mutter in dem Versuch, sie zu trösten.

„Mein Junge, um Gottes Willen, antworte mir!“, flehte meine Mutter.

„Die Ärzte sagen, dass er dich nicht hören kann … versuch dich zu beruhigen“, sagte mein Vater zu ihr.

„Wie konnte das passieren? Warum? Warum?“, schluchzte sie verzweifelt und begann, mir auf die Brust zu schlagen.

Mein Vater zog sie fort von mir und umarmte sie, drückte sie fest an seine Brust, um sie zu trösten. „Du musst dich beruhigen, mein Schatz“, flehte er sie an.

„Wie soll ich mich beruhigen? Sieh nur, unser Sohn ist wie tot!“, schrie sie und versuchte, sich von ihm loszureißen.

„Es ist unsere Schuld!“, waren ihre letzten Worte, bevor sie in den Armen meines Vaters ohnmächtig zusammenbrach.

Mein Vater bettete sie in einen Sessel, der neben der Tür stand, und eilte hinaus, um Hilfe zu holen.

„Mamita, verzeih mir! Niemals wollte ich dir soviel Schmerz bereiten. Es ist nicht deine Schuld. Du hast dich immer um mich und meine Geschwister gekümmert.“

Meine Mutter war gerade dabei, wieder zu sich zu kommen, als mein Vater begleitet von Esperanza zurückkam.

„Ich werde Ihnen ein Beruhigungsmittel verabreichen“, sagte sie zu ihr.

Sie bereitete eine Spritze vor und gab ihr eine Injektion in den Arm.

„Es kann nicht sein, es kann nicht sein …“, wiederholte meine Mutter unentwegt, im Sessel liegend.
„Es geht Ihnen gleich besser“, sagte Esperanza und zog sich zurück.
Nie zuvor hatte ich meinen Vater so betrübt gesehen, so verzweifelt. Er sah meine niedergeschlagene Mutter an und drehte sich dann um zu mir. Er ballte die Fäuste und ich konnte hören, wie er mit den Zähnen knirschte, so heftig presste er seine Kiefer zusammen. Ich erkannte den Blick wieder, den er immer dann hatte, wenn er kurz davor war, uns zu verprügeln. Ich empfand große Angst, aber … dann geschah etwas. Plötzlich hob er die Hände vor das Gesicht, kniete sich neben meinem Bett nieder und begann zu weinen.
Ich konnte es kaum fassen. Mein Vater war immer sehr hartherzig gewesen. Ich wusste, dass er uns lieb hatte, weil es uns nie an etwas fehlte; doch es fiel ihm sehr schwer, seine Gefühle auszudrücken.
Nun verbrachte er eine ganze Weile damit, zu weinen und zu wiederholen: „Das ist nicht möglich, das ist nicht möglich …“
„Mein Sohn, es tut mir leid“, seufzte er schließlich und nahm meine Hand zwischen die seinen. „Ich habe dich sehr lieb, weißt du?“
„Nein, Vater, das wusste ich nicht,“ entgegnete ich stumm.
„Ich war immer sehr streng mit euch, weil man mir beigebracht hat, dass Disziplin das Wichtigste sei. Von dieser Art war die Erziehung, die ich erhielt, und das Leben war sehr hart zu mir.“

„Jetzt verstehe ich, Papa! Wir alle tun immer unser Bestes."

„Es fiel mir immer sehr schwer, meine Gefühle auszudrücken. Ich dachte, für euer materielles Wohl zu sorgen, würde euch meine Liebe zeigen. Jetzt weiß ich, so ist es nicht."

„Du weißt nicht, wie gut es mir tut, dies zu hören. Und du weißt nicht, wie große Lust ich habe, dich zu umarmen und dich zu küssen", wollte ich ihm sagen.

„Ich war immer hinter einer Maske der Stärke verborgen", fuhr er fort. „Und erst jetzt, wo du hier bewegungslos liegst und mich vielleicht nicht einmal hören kannst, kann ich dir gegenüber zum Ausdruck bringen, wie sehr ich dich lieb habe. Ich weiß jetzt, welch ein großer Fehler das war. Bisweilen handeln wir, als sei das Leben ein sicherer Besitz ... als ob unsere geliebten Menschen garantiert auf immer bei uns wären. Wir sollten liebevoller sein, einander mehr in die Arme nehmen und weniger von uns verlangen. Vielleicht ist all das meine Schuld. Aber ... was hätte ich tun sollen, Junge? Du weißt, dass ich immer das Beste für euch alle wollte."

„Jetzt weiß ich es, Papa. Fühl dich nicht mehr schuldig, bitte!"

„Du sagtest mir immer wieder, ich sollte dich in Ruhe lassen, ich sollte dich dein Leben leben lassen, aber ... ich verzweifelte daran, mit anzusehen, wie du deine Zeit verschwendet und deiner Gesundheit geschadet hast. Mag sein, es wäre besser gewesen, zu versuchen, dich zu verstehen und mit dir zu sprechen. Aber mein Vater brachte mir bei, dass ... beispielsweise, dass Lernen Mühe und Schweiß kosten muss – kannst du es dir vorstellen? So wurde ich erzogen ... und heute weiß ich, wie falsch es ist. Es tut mir so leid."

Er konnte nicht weitersprechen und presste seine Stirn gegen seine Hände, während er meine drückte und unaufhörlich weinte.

Weder er noch ich bemerkten sogleich, dass sich meine Mutter erhoben hatte und ihn erstaunt betrachtete. Sie wusste offenbar nicht, ob sie ihren Augen und Ohren trauen konnte, oder ob das, was sie gerade sah und hörte, eine Auswirkung des Medikaments war, das man ihr verabreicht hatte.

Voll Mitgefühl kniete sie sich schließlich neben meinen Vater, nahm ihn in die Arme und küsste ihn auf die Stirn. „Es gilt, stark zu sein, Liebster", sagte sie zu ihm. „Gott wird uns beistehen."

Den Rest des Nachmittags verbrachten meine Eltern bei mir. Sie redeten nicht mehr, sahen einander nur an, und wenn einer weinte, versuchte der andere, ihn zu trösten.

Diese Szene rief mir Szenen aus meiner Kindheit ins Gedächtnis: etwa, als ich mit Fieber im Bett lag und meine Eltern abwechselnd auf mich aufpassten.

Nach und nach kamen so Erinnerungen an all die Fürsorge meiner Mutter und all die Belehrungen meines Vaters in mir hoch. Ihnen verdankte ich beispielsweise, dass ich zu gehen und zu sprechen lernte. Ja: Wenn sie mich nicht geliebt hätten ... ich hätte nicht überlebt.

Wie kommt es, dass ich erst jetzt erkenne, wie sehr mich meine Eltern lieben? In diesem Moment, in dem ich keine Gelegenheit habe, ihnen zu sagen, wie sehr ich sie liebe und wie sehr ich ihnen für alles dankbar bin?

Wie kommt es, dass ich auf das Spiel hereinfiel, ihnen die Schuld für alles zu geben, was in meinem Leben schief ging?

Wie kommt es, dass ich nie erkennen konnte, dass auch hinter ihnen eine Vergangenheit aus Leiden und Freuden lag, die ihr Wesen geformt hatte?

„*Es fehlte dir an Mitgefühl*", hörte ich einmal mehr die Stimme meines Führers. „*Du warst so verärgert über sie. Und du gabst ihnen die Schuld für alles, was dir passierte. Deshalb konntest du nicht mehr an all das Gute denken, das sie dir gaben.*

Wenn du anerkennst, dass du frei bist, dass du der Einzige bist, der dafür verantwortlich ist, dass dein Leben künftig besser läuft, wird dir bewusst, dass wir alle das Gleiche tun. Dann bleibt dir keine andere Wahl, als Mitgefühl für die anderen zu haben. Und verwechsle nicht Mitgefühl mit Mitleid! Mitgefühl heißt, in der Haut des anderen zu stecken und so seine Beweggründe zu verstehen.

Wenn du aufhörst, den anderen die Schuld dafür zu geben, was dir passiert, eroberst du deine eigene Macht zurück. Denk daran: Wenn du der Verantwortliche für dein Leben bist, findest du in dir selbst alle Antworten, die du brauchst."

„Ich erkannte das zu spät."

„*Dein Vater hat Recht: Sicherheit ist trügerisch; wir haben wirklich keine Zeit zu verlieren. Die Liebe, die du heute nicht gibst, wirst du niemals geben. Wenn du nicht heute deinen geliebten Menschen gegenüber deine Zuneigung zum Ausdruck bringst, kann es morgen bereits zu spät sein.“*

„Heute ist es bereits zu spät.“

„*Sei stark.*“

Die Tür öffnete sich und Esperanza kam herein.

„Es tut mir sehr Leid, Sie zu stören, aber die Besuchszeit ist zu Ende“, erklärte sie meinen Eltern.

„Nein, Schwester, nur noch einen kurzen Augenblick, bitte“, flehte meine Mutter.

„Es tut mir Leid, Señora, die Vorschriften sind in dieser Hinsicht sehr streng.“

„Gehen wir, wir werden morgen wiederkommen“, sagte mein Vater, während er meiner Mutter half, sich zu erheben. Dann gingen sie beide auf die Tür zu.

„Schwester, entschuldigen Sie, wie lange wird es noch dauern, bis er wieder aufwacht?“, fragte Mamita.

„Wir haben alles getan, was wir konnten. Jetzt liegt es in Gottes Händen. Es kann sein, dass er schon morgen aufwacht. Es kann aber auch sein, dass er nie mehr aufwacht.“

Meine Mutter traf diese Nachricht wie ein Eimer kaltes Wasser. Ich vermute, sie war eher naiv davon ausgegangen, alles werde irgendwann wieder gut.

Mein Vater hielt sie und half ihr, das Zimmer zu verlassen, denn ihre Beine trugen sie kaum. Die Tür schloss sich hinter ihnen.

Esperanza wandte sich mir zu und sagte: „Die Armen, das Leben ist voller Schwierigkeiten und wir können nicht mehr tun, als ihnen entgegenzusehen. Was ich ihnen gesagt habe, schien sehr grausam zu sein. Aber ich glaube, es wäre noch grausamer, ihnen falsche Hoffnungen zu machen."

„Vielleicht hast du Recht", dachte ich.

Dieses Mal war sie sehr schweigsam, wechselte nur das Serum, setzte sich einige Augenblicke zu mir und verließ das Zimmer, ohne sich zu verabschieden.

„Oh, mein Gott, steh meinen Eltern bei! Ich flehe dich nicht mehr wegen mir an – mach mit mir, was du willst, aber ... bitte, gib ihnen Kraft, es irgendwie zu überstehen."

Kapitel 5

In den folgenden Tagen überdachte ich, was mein innerer Führer mir über die Freiheit gesagt hatte. Wir sind wahrhaftig frei, bedeutet: Wir können Fehler machen und wir müssen uns den Auswirkungen unseres Handelns stellen.

Frei zu sein bedeutet auch: Wir erschaffen mit jeder Entscheidung, die wir treffen, unsere Zukunft. Unser Schicksal ist nicht etwa vorgegeben; wir erschaffen es in jedem Augenblick.

Wenngleich zum Beispiel meine Geschwister und ich die gleiche Erziehung erhalten hatten, waren unsere Schicksale sehr verschieden: Arturo, der zwei Jahre älter war als ich, hatte in seinem Studium stets Erfolg gehabt. Ich nehme an, dass er, statt sich aufzulehnen wie ich, beschloss, das Gute aufzugreifen und es für sich zu nutzen; heute war er Teilhaber einer Architekturfirma und seine Zukunft war vielversprechend.

Lorena, ein Jahr jünger als ich, hatte vor einigen Monaten geheiratet. Mein Vater akzeptierte ihren Verlobten nicht; tatsächlich hatte er ihr gedroht, sie als seine Tochter zu verstoßen, wenn sie diesen Mann heirate. Lorena war standhaft bei ihrer Entscheidung geblieben – und von da an hatten sie sich nicht mehr gesehen.

Schließlich war da noch Graciela, die "Anmutige", das Nesthäkchen der Familie. Sie war erst acht Jahre alt. Als wir erfuhren, dass meine Mutter mit ihr schwanger war, war das für uns alle eine Überraschung. Gracielas Geburt machte mir große Freude. Meine kleine Schwester war Gegenstand meines brüderlichen Entzückens – und sie hing auch sehr an mir.

Mit der Zeit akzeptierten meine Eltern und auch ich die Situation.

In den Monaten, die vergingen, lernte ich Eigenschaften meiner Familie kennen, die ich nie zuvor wahrgenommen hatte: die liebevolle und zärtliche Seite meines Vaters; die große innere Kraft meiner Mutter; die Zusammengehörigkeit, die ich bei meinen Geschwistern vorher nie spürte.

Ich nehme an, dass die Situation – mich ganz und gar hilflos und bewegungslos zu sehen – ihnen die Zerbrechlichkeit des Lebens ins Gedächtnis rief und sie mit ihrer eigenen Verletzbarkeit konfrontierte.

Ich erinnere mich an den Moment, als sich Lorena, ihr Ehemann und mein Vater in meinem Zimmer begegneten. Es bedurfte weder Worte noch Erklärungen noch Entschuldigungen. Lorena lief zu meinem Vater, um ihn in die Arme zu schließen, und er empfing sie, als wolle er sagen: Ich habe dich sehr vermisst. Dann wandte er sich an ihren Ehemann und sagte zu ihm, „Danke fürs Kommen ... Schwiegersohn", und gab ihm die Hand. Das genügte, um klarzustellen, dass mein Vater ihre Heirats-Entscheidung nun respektierte; dass es für ihn nun wichtiger als alles andere war, seine Tochter bei sich zu haben.

Wie schrecklich, dass erst eine Tragödie passieren musste, damit meine Familie zusammenkam – damit sie ihre Fehden und Schwierigkeiten aufgaben und begannen, ihre Liebe auszudrücken. Doch ... warum ist das so? Wenn wir wirklich so frei sind – warum treffen wir dann nicht die Wahl, gut zu uns selbst und zu unseren Mitmenschen zu sein?

„*Wegen unserer Grundüberzeugungen.*" Abermals erschien mein innerer Führer, um mich etwas zu lehren.

„Wegen unserer Grundüberzeugungen? Ich verstehe überhaupt nichts", entgegnete ich.

„*Unsere Grundüberzeugungen formen unser Dasein. Was auch immer du von dir selbst glaubst – es trifft zu! Was auch immer du von den anderen glaubst und von dem, was um dich herum geschieht – es ist die Wahrheit ... für dich.*"

„Was erzählst du da? Ich verstehe kein einziges Wort!"

„*Sieh mal: Alles, was du siehst, fühlst, hörst und erlebst, ist die Wahrheit für dich selbst – jedoch nicht für die anderen. Du erlebst die Dinge, die dir passieren, auf eine ganz spezifische, individuelle Art und Weise. Jeder von uns hat eine andere und einzigartige Art und Weise, das Leben zu sehen.*"

„Deshalb führen Auseinandersetzungen fast nie zu einer Lösung?"

„*Ja klar! Diskutieren heißt: wollen, dass der andere die Dinge so sieht wie du, und das ist ... unmöglich!*

Millionen von Menschen sterben in Kriegen, weil ihre Anführer ihre Sicht der Dinge anderen Anführern aufzwingen wollen. Weil vielleicht der Präsident eines Landes seinen Glauben durchsetzen möchte, dass ein Wirtschaftssystem das geeignete ist, oder dass alle seinen Gott anbeten sollten – und er befiehlt, alle zu vernichten, die sich weigern, dasselbe zu glauben ...“

„Fünfzehn Millionen Menschen starben im Zweiten Weltkrieg, es ist unglaublich“, merkte ich an.

„Stimmt, Hitler war ein an einer Psychose Erkrankter und brachte es fertig, einer ganzen Nation einzureden, sie gehöre einer höheren Rasse an. Sechs Millionen Unschuldige waren den schlimmsten Gräueltaten ausgesetzt, die die Menschheit jemals miterlebt hat.“

„Aber ... was hat das alles damit zu tun, dass man gut zu anderen sein sollte?“, fragte ich nach.

„Es hat alles damit zu tun. Was vermisst du in diesem Moment am meisten?“

„Meine Gesundheit, die Fähigkeit, mich zu bewegen, meine Gedanken und Gefühle ausdrücken zu können. Die Möglichkeit, mit meinen geliebten Menschen zusammen zu sein.“

„Folglich ... vermisst du, was du schon hattest.“

„Ja! Vorher war es für mich das Natürlichste der Welt – als hätte ich eine Sicherheitsgarantie darauf. Ich kam gar nicht auf die Idee, dass es Geschenke des Himmels sein könnten.“

„Ja. So betrachten wir die wertvollsten Dinge des Lebens als sicher, und verschwenden unsere Zeit, indem wir das Oberflächliche suchen – weil wir glauben, es gäbe ‚etwas‘, was uns glücklich machen würde, wenn wir es hätten.“

„Ja, wir vergessen das wirklich Wichtige: unsere Beziehungen und all das andere Gute, was wir schon haben; immerzu wollen wir mehr und mehr."

„*Der Mensch ist der irrigen Ansicht, er brauche etwas, um glücklich zu sein. Er ist sich dessen nicht bewusst, dass er schon alles hat, was er braucht!!! Er ist sich dessen nicht bewusst, dass das Glück nichts anders ist als eine Art und Weise, das Leben zu sehen – eine Einstellung.*"

„Du hast Recht. Mein Leben war voll von Geschenken des Himmels – und doch war ich stets unzufrieden", erwiderte ich.

„*Die meisten Menschen sind es. Sie fallen immer wieder auf das dumme Spiel des Anhäufens herein. Die einen häufen Geld und Besitztümer an, andere Kenntnisse und Titel. Sie sind voll Angst vor der Armut, vor dem, was ‚man' sagen wird, davor, kein wertvoller Mensch zu sein. Und so erkennen sie nicht: Nicht das, was sie haben, macht sie wertvoll – sondern das, was sie sind.*"

„Es ist wie ein Wettstreit. Ich erinnere mich daran, dass ich immer besser sein wollte als die anderen, das bessere Auto haben, hübscher sein. Heute würde ich auf der Stelle all das hergeben, nur um meine Eltern in die Arme schließen zu können."

„*Allerdings*", unterbrach er mich, „*ist es ein Wettstreit, bei dem niemand gewinnt – weil jeder von uns einzigartig ist. Und wir vergessen, dass nichts ewig ist, wir nichts mitnehmen werden. Und wir vergessen insbesondere, dass Erfolge nichts wert sind, wenn wir niemanden haben, mit dem wir sie teilen. Erkennst du nun, dass und wie wir auf irrige Grundüberzeugungen reagieren?*"

Nachdem ich das Gesagte ein wenig überdacht hatte, erwiderte ich:

„Ja. Mir scheint, du hast vollkommen Recht. Ständig versuchen wir, mehr zu haben, mehr zu tun, mehr zu erreichen, mehr zu sein. Wir erkennen nicht, dass wir in jenem Moment glücklich wären, in dem wir innehalten, um das zu genießen und dankbar zu sein für das, was wir schon haben, was wir erreicht haben, was wir schon sind. Und dennoch ... warum ist das so? Wie kommt es, dass wir fast alle dieselben Fehler begehen? Wie ist es möglich, dass wir alle vergessen, dass das Wichtigste in unserem Leben unsere Beziehungen sind? Warum diese Neigung, das zu ignorieren, was wir haben, und uns auf das zu konzentrieren, was wir nicht haben?"

„Weil wir die falschen Grundüberzeugungen teilen."

„Alle? Wie ist das möglich?"

„Es ist möglich, weil wir in einer neurotischen Gesellschaft leben, die die falschen Grundüberzeugungen begünstigt, die Scheinwerte fördert und die Prioritäten verdreht."

„Es fällt mir schwer zu glauben, dass wir alle irren."

„Es fällt dir schwer? Wie erklärst du dir dann Kriege? Unsere eigenen Söhne und Brüder in den Tod zu schicken, um unsere Ideen zu verteidigen? Wie erklärst du dir, dass der Reichtum der Welt auf zehn Prozent der Bevölkerung verteilt ist und die übrige Menschheit hungert? Wie erklärst du dir, dass Menschen für Geld morden? Dass Väter sich mehr um ihre Arbeit kümmern als um ihre Kinder, um ihre Familie? Dass wir Menschen dabei sind, unseren Planeten zu verschmutzen

und zu zerstören – unser Zuhause –, und dass wir nahezu alle Lebewesen ausrotten, die ihn bewohnen? Dass wir zusehen, wie Kinder vor Hunger sterben – und nichts dagegen unternehmen?"

„Schon gut, schon gut, ich habe dich schon verstanden ... ärgere dich nicht."

„*Ich habe Gemütsregungen wie Ärger bereits überwunden. Ich will, dass du begreifst: Die Realität der Welt ist durch den Menschen und seine Grundüberzeugungen geschaffen worden. Zu glauben, es reiche nicht für alle, hat uns dazu gebracht, eine Realität des Elends zu erschaffen. Zu glauben, Geld und Macht bedeuteten Glück, hat uns dazu gebracht, uns von unseren Brüdern und Schwestern zu entfernen. Zu glauben, unser Leben hänge davon ab, was um uns herum geschieht, hat uns die Kontrolle über unser Leben verlieren lassen.*"

„Willst du damit sagen, dass unsere Grundüberzeugungen unsere Wirklichkeit erschaffen?"

„*Ganz genau! Das, was du glaubst, offenbart sich früher oder später in deinem Leben.*"

In diesem Moment hörte ich, wie auf dem Krankenhausflur, vor der Tür zu meinem Zimmer, diskutiert wurde ...

Ich erkannte Esperanzas Stimme; sie sagte: „Sie können nicht hineingehen, Señorita. Nur wenn Familienangehörige anwesend sind."

„Aber ich möchte nicht seine Familienangehörigen sehen, ich möchte *ihn* sehen", sagte eine Frauenstimme, die ich im Augenblick

nicht wiedererkannte. „Außerdem, macht mich das hier nicht zu seiner Familienangehörigen?“, fuhr sie fort, ohne dass ich wusste, worauf sie sich bezog.
„Sind Sie seine Verlobte?“, fragte Esperanza.
„Was geht Sie das an? Lassen Sie mich vorbei ...“
Die Tür wurde vehement geöffnet und da war sie endlich ... Laura war gekommen, um mich zu besuchen.
Sie kam auf mein Bett zu, während Esperanza ihr folgte und sie zurückzuhalten versuchte. Als Laura mich sah, wurde sie so blass, dass ich fürchtete, sie würde ohnmächtig. Als Esperanza ihren Gesichtssausdruck bemerkte, gab sie ihr Bemühen auf, Lauras Besuch zu verhindern, und legte ihr die Hand auf die Schulter, um sie zu beruhigen.
Laura war wie erstarrt und schaute mich einfach nur bestürzt an, bis sie nach einer Weile explodierte und schrie:
„Verdammter Schuft! Wie konntest du dir das nur antun? Wie konntest du mir das nur antun?“ Sie begann zu schluchzen; ihre Worte erstickten in Tränen. „Und was soll ich jetzt tun? Sieh mich an“, rief sie, während sie ihre Hände auf den Bauch legte. Es war offensichtlich, dass sie im siebten oder achten Monat schwanger war.

Ich spürte einen Schauder durch meinen Körper laufen, als ich Laura auf mich zustürzen sah, mit der Absicht, mir das Gesicht zu zerkratzen ... Leider hinderte Esperanza sie daran, indem sie sie an den Armen packte und sie von mir fernhielt. Leider, denn

in diesem Moment verstand ich ihren Zorn zutiefst – und wie gern hätte ich es zugelassen, dass sie mich verletzte, um ihre Wut zu mildern ... um die Schuld zu mindern, die ich fühlte ... Esperanza umklammerte fest ihre Arme, während Laura sich heftig widersetzte in ihrem Versuch, sich loszureißen.
„Lass mich los, verdammt, lass mich los!", schrie sie und schlug wie wild um sich.
„Versuch, dich zu beruhigen, du tust dir nur weh, damit erreichst du gar nichts", sagte Esperanza immer wieder zu ihr wie zu einer Freundin.
Allmählich beruhigte Laura sich, hörte auf, um sich zu schlagen und ließ zu, dass Esperanza sie in die Arme schloss. Es waren bereits zwei Sicherheitskräfte des Krankenhauses im Zimmer, zwei hochgewachsene Männer in weißen Uniformen; Esperanza gab ihnen zu verstehen, dass alles unter Kontrolle und ihre Anwesenheit nicht erforderlich sei. Nachdem die beiden Männer sich zurückgezogen hatten, folgten ihnen Laura und Esperanza aus dem Zimmer nach.
Allerlei gegensätzliche Gefühle drängten sich in meinen Geist. Einerseits die Freude, zu wissen, dass Laura am Leben war – und andererseits die Trauer darum, sie so sehr leiden zu sehen. Außerdem ... war sie schwanger! Oh du mein Gott, warum gerade jetzt, wo ich nichts machen konnte? Was würde aus ihr und dem Baby? Warum passierte das mir?

„*Oh, oh ... warum passiert das mir?*“, wiederholte mein innerer Führer in spöttischem Ton. „*Die Dinge passieren nicht dir, sie passieren einfach ...*“

„Halt den Mund, verdammt! Wie kannst du dich nur über mein Leiden lustig machen?“, entgegnete ich stumm ... Ich fühlte, dass ich vor Wut platzte, und spürte jäh einen sehr heftigen Schmerz in meiner Brust ...

„*Ich mache mich nicht über dein Leiden lustig, ich mache mich über deine Anmaßung lustig.*“ Das war das Letzte, was ich ihn sagen hörte – dann geschah etwas absolut Außergewöhnliches ...

Kapitel 6

Einige Momente lang wandelte sich mein Blickfeld komplett. Ich schaute nicht mehr hoch zu der klapprigen Lampe an der Decke, sondern nach unten ... Ich sah mich selbst! Ich sah meinen bewegungslosen, schwachen und mitgenommenen Körper, ich sah mein abgemagertes Gesicht mit den allzu weit aufgerissenen Augen und mit dem Ausdruck größter Furcht. Dieses Bild ließ mich begreifen, warum all meine Besucher erschraken, wenn sie mich sahen.

Alles lief vor meinen Augen wie in Zeitlupe ab. Ich konnte einen Alarm in dem Gerät neben meinem Bett hören, der anzeigte, dass mein Herz stehengeblieben war. Ich sah, wie zwei Ärzte und mehrere Krankenschwestern, unter ihnen Esperanza, in das Zimmer eilten. Ich sah, wie sie besorgt Kabel überprüften und Schalter betätigten.

Ein Gefühl tiefsten Friedens und unermesslicher Gelassenheit überkam mich. Innerhalb von Sekunden erinnerte ich mich an die wichtigsten Momente meines Lebens ... tatsächlich erinnerte ich mich nicht nur an sie, sondern erlebte sie noch einmal.

Ich erlebte noch einmal das Weiche und Warme der Arme meiner Mutter, als ich ein Baby war, nahm ihren Geruch und ihren sanften Blick wahr, ihre Zuneigung und ihre Liebe für mich.

Ich erlebte noch einmal die glücklichen Momente mit meinen geliebten Menschen. Ich hörte noch einmal ihr Lachen und spürte die Freude, mit ihnen mein Leben zu teilen.
Innerhalb von Sekunden durchlief ich all die für mich besonderen Momente: das erste Mal, dass ich das Meer sah, die Wärme der Sonne auf meiner Haut, meinen ersten Kuss, den Geschmack meines Lieblingsgerichts, all die wunderschönen Landschaften, die zu genießen ich Gelegenheit gehabt hatte, meine Lieblingsmelodie, das Zusammensein mit Laura ...
‚Ich möchte wieder mit Laura zusammen sein und das Baby kennenlernen ...'
Das war der letzte Gedanke dieser wunderbaren Sekunden. Was dann folgte, war überhaupt nicht angenehm ... Nach einem heftigen elektrischen Schlag hatte ich das Gefühl, wieder in meinem Körper zu sein, und konnte einen Arzt sehen, der mir vornüberbeugt gegenüberstand und zwei Geräte gegen meine Brust hielt. Ein weiterer Elektroschock bewirkte, dass sich mein Rücken krümmte und mein Körper vehement hochzuckte.
„Er hat Puls", rief jemand im Hintergrund.
„Die Lebenszeichen werden stärker ... wir haben ihn zurückgeholt", bemerkte eine der Krankenschwestern.
Während die meisten vom Personal sich nun lächelnd und unter Glückwünschen zurückzogen, betrachtete der Arzt, der mir noch immer gegenüberstand, mich nachdenklich.
„Was ist los?", fragte ihn Esperanza beim Nähertreten.
„Ich weiß nicht, ob ich richtig oder falsch handle, wenn ich ihn am Leben erhalte", entgegnete er.

„Du handelst richtig ... das ist deine Aufgabe", sagte Esperanza zu ihm und gab ihm zwei anerkennende Klapse auf den Rücken.
„Ich glaube nicht, dass es lange anhält ... mal sehen, was passiert", erwiderte er mit einer gewissen Gleichgültigkeit, wobei er die Schultern hob, als wolle er sagen: ‚Jetzt hängt es nicht mehr von mir ab.'
Nachdem der Arzt überprüft hatte, dass die Geräte um mein Bett herum einwandfrei funktionierten und meine Lebenszeichen weiterhin stabil waren, zog er sich zurück; Esperanza bat er, meine Eltern anzurufen, um sie über das Vorgefallene in Kenntnis zu setzen.

Auch wenn der Schmerz und die Beschwerden in meinen Körper zurückgekehrt waren – ich bewahrte noch den tiefen inneren Frieden, der mich Augenblicke zuvor durchdrungen hatte. Darüber hinaus zeigte mein Geist eine Klarheit, die ich nie zuvor erfahren hatte. Es war, als seien plötzlich all meine Sorgen, meine Ängste und meine Unsicherheiten verschwunden. Als hätte ich auf einmal eine große, einst verlorene Weisheit wiedererlangt. Als hätte ich einige Sekunden lang einen größeren ‚Bildausschnitt' sehen können. Etwas in mir hatte sich verändert ... ich hatte mich verändert.

Ich kann mir noch immer nicht erklären, was tatsächlich passiert ist. Vielleicht erhielt mein Gehirn doch noch genügend Sauerstoff, um mich am Leben zu erhalten, und ich bildete mir

alles nur ein; vielleicht hatte ich einen höheren Bewusstseinszustand erreicht; vielleicht hatte ich auch tatsächlich eine zweite Chance bekommen.
Es spielt wirklich keine Rolle. Was klar und deutlich in meinem Geist zurückblieb, ist: Es war mein Wunsch, bei Laura zu sein und das Baby zu sehen, der mich am Leben erhielt. Irgendwie verstand ich, dass wir nur auf eine einzige Art und Weise auf dieser Welt und bei unseren geliebten Menschen sein können, nämlich mittels unseres Körpers. Und dass ich nur auf eine einzige Art und Weise ich selbst sein konnte, nämlich mittels meines Geistes. Dass der, der ich bin, eine Kombination von Geschichten, Erinnerungen, Erwartungen, Überzeugungen, Vorlieben, Erlebnissen, Sehnsüchten und Wünschen ist ... einzigartig und unwiederholbar.
Ich begriff: Dieses Leben ist unsere einzigartige Gelegenheit, wir selbst zu sein. Jetzt war mir mein Zustand nicht mehr so wichtig. Die Freude, da zu sein und am Leben teilhaben zu können, wenn auch nur als Zuschauer, war der Mühe sehr wohl wert!
„*Nichts geht über eine Kostprobe des Todes, um das Leben wertschätzen zu können*“, lauschte ich meinem inneren Führer. „*Bist du immer noch böse?*“
„Gemütsregungen wie Ärger habe ich bereits überwunden.“ Jetzt war ich derjenige mit dem spöttischen Tonfall.
„*Ha! Sogar gute Laune hast du dir zugelegt.*“
„Warum nicht? Mir ist gerade ein Wunder widerfahren.“
„*So ist es, das Leben ist ein Wunder und eine großartige Gelegenheit. Es ist unglaublich, dass die meisten Menschen dies vergessen und sich*

auf die Probleme konzentrieren, auf das, was ihnen fehlt, auf nutzlose Unternehmungen, auf unsinnige Sorgen.
Die Menschen gewöhnen sich daran, jeden Morgen aufzuwachen, das Schlagen ihrer Herzen zu hören. Sie gewöhnen sich an das Wunderbare ihrer Sinne, an die Möglichkeit, ihre Ideen, ihre Liebe, ihre Individualität auszudrücken, und sie vergessen, dass jede einzelne dieser Gaben für sich selbst schon ein Wunder ist. Sie erhalten das Geschenk des Lebens und wissen nicht, was sie damit anfangen sollen; es langweilt sie, sie verschwenden es.“
„Es ist, als biete man dir tagtäglich einen Schatz an, den du nicht annimmst; oder als ob du ihn widerwillig annimmst, aber ihn nicht verwertest“, merkte ich an.
„Daher kann der Tod dein bester Freund sein. Und ich meine jetzt nicht, von ihm besessen zu sein oder ihn zu ersehnen oder Depressionen zu bekommen, weil er unabwendbar ist. Ich meine, er kann dich daran erinnern, dass unser aller Tage gezählt sind, dass jeder Augenblick der letzte sein kann. Wenn die Menschen das im Kopf hätten, würden sie anders leben, das versichere ich dir. Wenn der Tod sich in Erinnerung bringt, wiegen die Probleme und Sorgen des alltäglichen Lebens nicht mehr so schwer; die Auseinandersetzungen, der Hass, die Verbitterung verschwinden aus unseren Beziehungen, weil wir die wenige Zeit, die wir haben, aufs Beste nutzen wollen.“
„Es scheint, dass das, was mir passiert ist, mich aufgeweckt hat.“
„Du hast es treffend ausgedrückt: Du bist aufgewacht! Was mir große Freude macht, denn unsere Gespräche werden von heute an viel interessanter sein.“

„Meinst du damit, dass ich bis dahin immer geschlafen habe?"

„Sozusagen, ja. Die meisten Menschen leben ihr ganzes Leben lang in einem Traum – und das Schlimmste daran ist, dass es noch nicht einmal ein angenehmer Traum ist. Sie blicken nicht weiter, als ihnen aufgetragen wurde. Sie sind getrieben von Routine und können ihr nicht entkommen, gefangen in gewohnten Verhaltensmustern, die ihnen nicht das geben, wonach sie suchen, in konfliktgeladenen Beziehungen, die sie nicht befriedigen, auf der Jagd nach etwas, was sie nicht wollen."

„Als ob sie Roboter wären, darauf programmiert, zu arbeiten, um ertragreich zu sein – das zu erreichen, wovon andere ihnen gesagt haben, dass sie es brauchen. Dabei reagieren sie schlicht und einfach automatisch auf das, was man ihnen weisgemacht hat."

„Ganz genau! Dabei reagieren sie blind auf irrige Grundüberzeugungen. Grundüberzeugungen, die ihnen von außen auferlegt worden sind, und die sie selbst keiner Prüfung unterzogen haben. Grundüberzeugungen, die falsch sind – und dennoch von Generation zu Generation weitergegeben worden sind, gleichsam wie ein genetischer Defekt."

„Aber ... wie kann sich jemand von etwas befreien, woran er sein ganzes Leben lang geglaubt hat? Von etwas, das die meisten Menschen als Wahrheit ansehen?", fragte ich.

„Indem er die Grundüberzeugungen hinterfragt und sie einer Prüfung unterzieht. Der Mensch, der erwachen und aufhören will, ein Sklave seiner Erziehung, der Gesellschaft und seiner Vergangenheit

zu sein, muss alles, was er glaubt, einer Prüfung unterziehen. Das ist die einzige Möglichkeit – die einzige Chance, die Freiheit zurückzuerobern.“

„Ja? Und wozu?“

„Dir ist immer noch das Wozu wichtig?“

„Nein ... jetzt, wo ich es gelassen sehe, ist mir weder das Warum noch das Wozu wichtig.“

Kapitel 7

In derselben Nacht kam mein Vater, begleitet von meinen Geschwistern Arturo und Lorena, mich besuchen. Esperanza hatte sie bereits über das Vorgefallene in Kenntnis gesetzt und sie warteten auf den Bereitschaftsarzt, damit er ihnen die Einzelheiten erläuterte.
Lorena näherte sich meinem Bett, derweil mein Vater und Arturo in der Nähe der Tür leise miteinander sprachen, ohne dass ich verstehen konnte, was sie sagten.
„Brüderchen, Brüderchen …“, sagte Lorena leise weinend zu mir, während sie mir die Hand hielt.

„Hallo Schwesterchen, es bereitet mir große Freude, dich wiederzusehen. Mir geht es gut, mach dir keine Sorgen“, stellte ich mir vor, ihr zu erwidern.
Lorena war mir immer nahe gewesen, obwohl es uns schwer fiel, unsere Zuneigung offen zum Ausdruck zu bringen; dennoch hatten wir beide die Gewissheit, dass wir uns auf den anderen verlassen konnten, wenn wir ihn brauchten, und das gab uns ein Gefühl der Verbundenheit, das weit über Worte hinausging.
Der Arzt klopfte zweimal, bevor er die Tür öffnete, und bat darum, mit meinem Vater allein im Krankenzimmer zu sein. Sobald Lorena und Arturo das Zimmer verlassen hatten, schob

der Arzt zwei Stühle an eine Seite meines Bettes heran, um an meinem Krankenbett mit meinem Vater zu sprechen.
„Wie geht es meinem Sohn, Herr Doktor? Was ist ihm passiert?“, fragte mein Vater beunruhigt.
„Nicht sehr gut, Señor. Sein Zustand hat sich in letzter Zeit verschlechtert. Sein Herz ist heute stehengeblieben – und auch wenn seine Lebenszeichen jetzt stabil sind, ist die Wahrscheinlichkeit sehr groß, dass es wieder geschehen wird.“
„Meinen Sie damit, er wird bald sterben?“
„Wir können es nicht mit Sicherheit wissen. Es sind bereits acht Monate vergangen, und heute war es das erste Mal. Es kann aber jederzeit wieder passieren, dass sein Herz stehenbleibt – und es kann sein, dass wir ihn dann nicht mehr wiederbeleben können. Deswegen bat ich darum, mit Ihnen unter vier Augen zu sprechen ... Ich brauche ihre Unterschrift unter einige Papiere.“
Er zog mehrere Blätter aus einer Aktenmappe und übergab sie ihm.
Mein Vater begann zu lesen. Plötzlich erhob er sich, zerknüllte die Blätter in seinen Händen, schleuderte sie dem Arzt entgegen und schrie verzweifelt:
„Sind sie verrückt? Sie wollen, dass ich eine Bevollmächtigung unterschreibe, meinen eigenen Sohn sterben zu lassen? ...“
Der Arzt sprang erschrocken auf, wobei er seinen Stuhl nach hinten schob, und während er sich mit einer Hand gegen die Wand stützte, um nicht zu stürzen, schützte er sich mit der anderen, um zu vermeiden, dass ihn die Papiere im Gesicht trafen.

„Beruhigen Sie sich, Señor ... davon ist nicht die Rede“, bat der Arzt, wobei er sichtlich darum rang, die Fassung wiederzuerlangen.
Als Arturo das Geschrei meines Vaters hörte – und weil er dessen Temperament kannte –, kam er eilig in das Zimmer, um nachzusehen, was vor sich ging.
„Was ist los, Papa?“, fragte er, wobei er sich zwischen dem Arzt und meinem Vater postierte, um die Situation zu entschärfen.
„So leicht werde ich mich nicht geschlagen geben“, tobte mein Vater.
„Schon gut, schon gut, aber was ist los?“, sagte Arturo, schaute meinen Vater an und drehte sich dann zu dem Arzt um, und die Situation zu verstehen.
„Wir brauchen seine Unterschrift unter eine Vollmacht, dass wir nicht eingreifen, wenn sein Herz das nächste Mal zu schlagen aufhört, das ist alles!“, antwortete der Arzt, während er die zerknitterten Papiere wieder vom Fußboden aufsammelte. „Überlegen Sie es sich gut“, sagte er, während er die Papiere meinem Bruder übergab und sich dann sichtlich verärgert zurückzog.
„Papa ... das ist der Arzt, der heute Nachmittag meinen Bruder gerettet hat ...“
„Ja? Aber er will es nicht mehr wieder tun“, antwortete mein Vater aufgebracht.
Nachdem Arturo die Papiere des Arztes aufmerksam gelesen hatte, seufzte er tief:
„Papa, sieh ein, dass es bereits acht Monate sind ... acht Monate der Anspannung für uns alle. Mutter ist noch nicht einmal

davon benachrichtigt, was heute los war ... Außerdem, wie viel hast du bereits für das Krankenhaus ausgegeben?“

„Geld ist das, was jetzt am wenigsten wichtig ist“, erhob mein Vater die Stimme und hob herausfordernd die Faust. Doch im Nu begriff er, dass er in seine frühere Verhaltensweise zurückgefallen war, und noch während er darüber nachsann, bat er um Entschuldigung:

„Verzeih mir, mein Sohn, ich bin verzweifelt.“

„Ich versteh dich, Papa, das ist für alle hart.“

„Was wird mit deiner Mama los sein, wenn sie es erfährt?“

„Mutter ist durch dieses Erlebnis sehr stark geworden. Papa, es ist schon so viel Zeit vergangen, glaubst du nicht, dass sie sich schon mit dem Gedanken vertraut gemacht hat?“

„Niemals! Niemals machst du dich mit dem Gedanken vertraut, ein Kind zu verlieren“, erwiderte mein Vater.

„Ich meine, dass sie weiß, dass es nur eine Frage der Zeit ist. Außerdem, sieh mal“, sagte mein Bruder zu ihm, während er mit dem Finger auf mich zeigte. „Glaubst du, dass es ihm in diesem Zustand wieder gut gehen wird, wenn er zu sich kommt? Es dauert schon so lange ... wir wissen noch nicht einmal, ob sein Gehirn überhaupt noch arbeitet.“

„Besser, als du dir vorstellen kannst!“, erwiderte ich ihm stumm.

„Aber das können nicht wir entscheiden“, sagte mein Vater, während er Arturos Hand ergriff, um zu verhindern, dass er weiterhin auf mich zeigte. „Das hieße, sich als Gott aufzuspielen.“

„Ihn am Leben zu erhalten heißt, sich als Gott aufzuspielen. Vielleicht ist es Gott selbst, der sein Herz zum Stillstand gebracht hat, und ihn hier zu behalten, ist gegen seinen Willen. Vielleicht leidet er – und wir verlängern nur sein Leid."

Als mein Vater das hörte, ließ er sich auf den Stuhl fallen, schlug seine Hände vor sein Gesicht und murmelte niedergeschlagen: „Verdammt noch mal ... ich weiß nicht, was ich tun soll."

„Unterschreib die Vollmacht, Papa", sagte Arturo zu ihm und gab ihm den Stapel zerknitterter Papiere.

Mein Vater verharrte, sah sich einige Augenblick lang die Blätter an und nahm dann, beinahe unbewusst, seinen Füller aus der Innenseite seines Sakkos; nachdem er sich eine Träne abwischt hatte, die seine Wange hinunterlief, unterzeichnete er die Papiere ... unterzeichnete er mein eigentliches Todesurteil ...

„*Sei doch nicht so dramatisch!*", tat mein innerer Führer wie immer seine Meinung kund. „*Wir alle werden früher oder später sterben. Das Wichtige ist nicht, lange zu leben, sondern: die Lebenszeit aufs Beste zu nutzen.*"

„Mir kommt es seltsam vor, dass ich weder meinem Vater noch meinem Bruder böse bin. Tatsächlich begreife ich das Heikle an ihrer Situation", erläuterte ich ihm.

„*Vergeben ist keine Handlung an sich, vergeben ist schlichtweg: verstehen. Wenn du es schaffst, zu begreifen, dass wir alle das suchen, von dem wir glauben, es sei das Beste für uns, dass unsere Handlungen für gewöhnlich gut gemeint sind, dass alles, was wir tun, das Ziel hat, dem näher zu kommen, von dem wir glauben, es sei das Glück – dann wirst du erkennen, dass es nichts zu vergeben gibt.*"

„Aber wenn dich jemand mit voller Absicht verletzt?“

„Die meisten Menschen haben nicht die Absicht, dir Schaden zuzufügen. Wir alle treffen unsere Entscheidungen auf der Basis der Kenntnisse, die wir nun einmal gerade haben, und der Umstände, die uns nun einmal gerade umgeben.

Wenn deine Partnerin beschließt, ihre Beziehung mit dir zu beenden und mit einem anderen fortzugehen, tut sie das, weil die Beziehung, die sie mit dir hat, sie nicht mehr glücklich macht, und weil sie glaubt, es werde besser mit dem anderen. Sie tut es nicht, um dich zu ärgern oder zu verletzen – sie tut es, weil es das Beste ist, das sie in diesem Moment tun kann. Vielleicht sagst du: ‚Sie hat mich verlassen'. In Wirklichkeit verlässt sie dich nicht, sie geht einfach nur fort. Die Menschen verlassen dich nicht – sie enttäuschen dich nicht. Sie tun einfach nur, was sie können, und wenn es nicht mit dem übereinstimmt, von dem du glaubst, dass sie es tun sollten, dann bist du enttäuscht.“

„Was ist mit den Menschen, die stehlen, töten oder andere vorsätzlich betrügen?“

„Was mit ihnen vor sich geht, ist: Sie haben eine sehr eingeschränkte Betrachtungsweise; sie haben nie gelernt, dass es andere Handlungsweisen gibt, um zu erreichen, was sie wollen. Sie wissen nicht, dass sie das Übel, das sie jemand anderem zuzufügen, sich selbst zufügen. Glaubst du, man kann sich an dem Geld erfreuen, das man sich verschafft hat, indem man andere betrogen, bestohlen oder übervorteilt hat?“

„Nein, das glaube ich nicht.“

„Kannst du dir vorstellen, was es heißt, in ständiger Angst zu leben, entdeckt zu werden, mit den Gewissensbissen unrechten Handelns, mit der Ablehnung durch die Menschen?“

„In ihren eigenen Handlungen führen sie sozusagen schon ihre Strafe mit sich … Sollen wir also hinnehmen, was Menschen tun, wenngleich es uns betrifft?"

„Nein, eine Sache ist es, zu begreifen und anzunehmen, und eine völlig andere ist es, sich abzufinden, sich etwas gefallen zu lassen. Begreifen heißt, in der Haut des anderen zu stecken, dir bewusst zu sein, dass dich niemand – außer dir selbst – enttäuschen, beleidigen, verlassen kann. Annehmen heißt, anzuerkennen, dass alle das Recht haben, das Glück auf diejenige Art und Weise zu suchen, die sie für angemessen halten. Andererseits, dir die Verhaltensweisen anderer gefallen zu lassen, die dich betreffen, oder dich damit abzufinden, in einer Beziehung zu leben, die dich nicht glücklich macht, heißt, das Opfer zu spielen, dich zum Märtyrer zu machen – und das ist entgegen deiner wahren Natur."

Nach einer Weile kam Lorena in das Krankenzimmer und nachdem sie darüber aufgeklärt worden war, was vorgefallen war, wurde beschlossen, es meiner Mutter zu erklären, damit sie sich auf meinen möglichen Tod vorbereiten konnte. Lorena und mein Vater begaben sich nach Hause und Arturo willigte ein, im Vorbeigehen die Papiere im Büro des Arztes abzugeben.

Kapitel 8

Am nächsten Tag kam mich Laura wieder besuchen und traf in meinem Zimmer auf meine Eltern. Sie hatten sie seit dem Tag des Unfalls nicht mehr gesehen und wussten auch nichts von ihrer Schwangerschaft. Ich merkte, Laura war ruhiger, und ich konnte in ihrem Gesicht sehen: Der Zorn des Vortages hatte sich in eine tiefe Traurigkeit verwandelt.

Hier, unmittelbar vor mir, schilderte sie meinen Eltern, was sich in jener Nacht ereignet hatte:

„Im Laufe der Party hatten wir eine sehr heftige Auseinandersetzung“, sagte sie, an meine Mutter gerichtet. „Er hatte viel getrunken und es ging ihm sehr schlecht. Er verschwand einige Momente lang mit seinem Freund Eduardo, und als sie beide zurückkamen, waren sie wie zwei Verrückte. Sie hatten einen Blick, der ins Leere ging, und gaben zusammenhangloses Zeug von sich. Sie hatten bereits beschlossen, die Party zu verlassen. Ich versuchte, sie zurückzuhalten, aber vergebens. Taumelnd stiegen sie in Eduardos Auto und rasten mit Vollgas und quietschenden Reifen los. Ich blieb auf der Straße stehen und beobachtete, wie sie davonfuhren. Als sie an die Straßenkreuzung kamen, ignorierten sie die rote Ampel ...“ Sie hielt inne, blickte zur Decke und versuchte, sich zu erinnern, was sie gesehen hatte. Meine Mutter hielt sich die Hand vor den Mund, um einen Schrei zu unterdrücken, mein Vater legte seinen Arm um ihre Schultern und Laura fuhr fort:

„Ein Lastwagen krachte direkt in die Fahrertür. Ich glaube, der Fahrer hatte nicht die geringste Chance zu bremsen. Er traf sie mit so großer Wucht, dass sich der Wagen mehrmals überschlug, bevor er mit den Rädern nach oben liegen blieb ... Ich lief hin, und als ich sie sah, eingeklemmt zwischen Blech und Glas, voller Blut ... war ich mir sicher, dass beide tot waren ..."

„Ok. Und was passierte danach? Was hast du gemacht? Wohin bist du gegangen?", fragte mein Vater.

„Ich erinnere mich nicht mehr sehr gut daran, was dann passierte ... ich erinnere mich, dass die Leute anfingen, sich um das Auto zu scharen, und dass sie mich wegdrängten, um sehen zu können, was passiert war. Ich ging einfach los, weg von diesem Ort ... Ich war wie betäubt, ich ging lange Zeit, ohne mir meiner bewusst zu sein. Ich erinnere mich auch nicht, wie ich nach Hause kam."

„Aber ... warum hast du uns nicht angerufen? Wir waren so besorgt wegen dir. Wir wussten weder, wo du wohnst, noch deine Telefonnummer", fragte meine Mutter.

„Verzeihen Sie mir ... ich stand unter Schock. Dann fiel ich in eine tiefe Depression, und im Versuch, das dunkle Tal zu überwinden, ging ich fort, um bei einer Tante weit weg von hier zu wohnen – überzeugt davon, dass beide tot waren."

„Ok. Und dieses Baby, das du erwartest? Es ist von ..."

„... von ihm, von Ihrem Sohn", fiel sie ihr ins Wort.

„Aber … er hat uns nie etwas davon gesagt“, entgegnete meine Mutter.

„Er wusste es auch nicht, ich wollte es ihm auf der Party sagen … aber ich kam nicht mehr dazu.“

„Mein Kind!“, sagte meine Mutter und schloss sie weinend in die Arme.

Auch Laura umarmte sie, wobei sie meinen Vater ansah und seine Zustimmung suchte. Mein Vater schlang seine starken Arme um beide, um seine Unterstützung zu zeigen. So verharrten sie einige Momente lang und dann erzählte Laura:

„Ich bin in die Stadt gekommen, um mich untersuchen zu lassen, und erfuhr, dass er hier liegt. Deshalb bin ich gekommen … und nun … ihn jetzt so vorzufinden …“, schluchzte sie, während sie mich mit tränenerfüllten Augen ansah.

„Sei stark, mein Kind“, erwiderte meine Mutter, wobei sie sie an der Hand nahm und sich ebenfalls umdrehte, um mich anzusehen.

Sie sprachen weiter über das, was geschehen war, und über die Schwangerschaft. Daher erfuhr ich, dass es noch drei Wochen bis zum errechneten Geburtstermin waren.

Mich überraschte die Kraft, die sie alle zeigten, und ich begriff, warum mein innerer Führer mich ‚anmaßend' genannt hatte, als ich mich darüber beklagt hatte, was mir passiert war.

„In uns allen ist eine große Kraft, die uns ermöglicht, aus schlimmsten Situationen herauszukommen“, erläuterte mein innerer Führer. *„Immer wieder erholen wir uns von dem Schmerz, den es uns bereitet, das zu verlieren, was wir lieben.“*

„Trotzdem kommt es uns in jenen Momenten so vor, als bräche die Welt zusammen – und als hätten wir nicht im Mindesten die Kraft, dem Schmerz standzuhalten“, entgegnete ich.

„In jenen Momenten müssen wir versuchen, uns daran zu erinnern, dass wir schon andere schwierige Situationen überlebt haben, wir müssen uns Mühe geben zu begreifen, dass es uns so sehr schmerzt, weil wir feinfühlige und liebevolle Wesen sind. Dass gerade das, was uns schmerzt, uns auch die größte Freude ermöglicht, nämlich: andere zu lieben.“

„Wenn ich es gelassen sehe“, warf ich ein, „dann ist es eine Heldentat, andere zu lieben. Wir lieben, obgleich wir wissen, dass wir unvermeidbar verlieren werden, was wir lieben – obgleich wir wissen, alles kann enden ... ohne jegliche Garantie auf eine Gegenleistung.“

„Du brauchst nichts als Gegenleistung für die Liebe, die du gibst – andere zu lieben ist bereits ein Geschenk, das du dir selbst machst.“

„Und warum ist dann die Liebe stets von soviel Leid umgeben?“

„Weil das, was die meisten Menschen Liebe nennen, keine Liebe ist. Was dich leiden lässt, ist die Selbstsucht und die Anmaßung.“

„Erklär mir das bitte!“, bat ich.

„Die Menschen, die behaupten, aus Liebe zu leiden, leiden in Wirklichkeit, weil sie glauben, die geliebte Person habe das zu tun, was sie wollen, und das ist anmaßend. Der Mensch, der leidet, weil er glaubt, dass der Geliebte seine Bedürfnisse zu befriedigen hat, ist selbstsüchtig.

Was die meisten Menschen Liebe nennen, gleicht eher einem Handelsvertrag, der besagt: ‚Ich verpflichte mich, dich zu lieben, falls du so bist, wie es mir gefällt, und das tust, was ich will.'

In Wirklichkeit ist die Liebe ungebunden, sie fordert nicht, sie will den anderen nicht verändern, sie ist nicht besitzergreifend, sie stellt keine Bedingungen."

„Es ist ein Widerspruch: Einerseits sind wir so stark, andererseits leiden wir so sehr."

„Viele Menschen sind es gewohnt, zu leiden und unglücklich zu sein. So sehr gewohnt, dass sie das Unglücklichsein zu einem Teil ihrer Identität und ihrer Persönlichkeit machen, weshalb es für sie so schwierig ist, sich wohl zu fühlen. Also konzentrieren sie sich auf das Negative und vergessen all die Geschenke des Himmels, die sie tagtäglich bekommen."

„Ist also anzunehmen, dass uns nichts schmerzen muss?", fragte ich.

„Schmerz ist nicht dasselbe wie Leiden. Der Schmerz ist Teil des Lebens und kommt, wenn wir verlieren, was wir lieben. Das Leiden kommt von der Nichtannahme dessen, was geschieht, von der Vorstellung, dass es anders sein könnte, von der Ansicht, dass die Dinge sich auf deine Art entwickeln müssten."

„Aber sind wir dann für unser Leben verantwortlich oder nicht? Einerseits sagst du, dass wir die Macht haben, aus unserem Leben zu machen, was wir wollen – und andererseits, dass wir annehmen sollen, was geschieht."

„Du bist verantwortlich für dein Leben, nicht für das Leben allgemein. Ein weiterer Widerspruch: Du hast keine vollkommene Macht – und du hast alle Macht, die du brauchst."

„Ich glaube, ich verstehe dich. Es ist wie mein Zustand in diesem Moment. Ich kann nichts machen, um das zu ändern, was gerade passiert, und trotzdem hörte ich in dem Moment auf zu leiden, in dem ich es annahm. Was mir vor nur wenigen Tagen noch wie eine Strafe erschien, erscheint mir nun wie ein Geschenk des Himmels, die Gelegenheit, einige Augenblicke länger bei meinen geliebten Menschen zu sein und an ihrem Leben teilzuhaben. Vor nur wenigen Tagen wollte ich schon, dass mein Leben zu Ende sei, und jetzt bitte ich einzig darum, zumindest die drei Wochen durchzuhalten, die es noch dauert, bis ich mein Baby sehen kann."

„Nichts hat sich im Äußeren geändert, nur deine Einstellung gegenüber dem, was geschieht. Das ist die großartige Macht, die der Mensch hat: die Fähigkeit zu entscheiden, wie er auf das reagiert, was ihm das Leben bietet. Wenn du auch nicht kontrollieren kannst, was um dich herum geschieht, kannst du doch entscheiden, wie du es bewertest, welche Einstellung du dazu haben wirst. Du bist verantwortlich für das, was du denkst, für die Entscheidungen, die du triffst, dafür, wie du es sehen und erleben willst."

„Außerdem bin ich nur verantwortlich für mich und für niemanden sonst.“

„So ist es. Was dein Leben am ehesten mit Leid und Enttäuschung anfüllt, ist der Glaube, du seiest dafür verantwortlich, was andere fühlen, denken oder tun. Jedermann ist bereit, sich mit der Schuld, dem Schmerz und dem Leid der anderen zu beladen … als ob das irgendjemandem helfen könnte. Zu glauben, jemand sei auf dich angewiesen, um glücklich zu sein oder sich wohl zu fühlen, ist sehr anmaßend, ist eine zu schwere und unnötige Last. Jeder trägt die Verantwortung für sein eigenes Leben.“

So sehr war ich auf diese Unterhaltung im Inneren meines Kopfes konzentriert, dass ich nicht einmal bemerkt hatte, wie meine Eltern gegangen waren und Laura alleine bei mir im Zimmer zurückgeblieben war. Sie stellte einen Stuhl neben mein Bett, nahm meine Hand und begann lautlos zu weinen, ihren Blick auf mein Gesicht gerichtet. Dann schaute sie zur Tür, um sich zu vergewissern, dass sie geschlossen war, näherte sich mir, als ob sie mir ein Geheimnis erzählen wollte, und sagte leise zu mir:

„Hallo, mein Liebling, du fehlst mir so sehr …“ Ihr Weinen hinderte sie daran, weiterzusprechen. Sie legte ihren Arm auf meine Brust und senkte ihren Kopf neben meinen auf das Kissen. Ich konnte ihre Tränen auf meinen Wangen spüren, und ihr Duft weckte hunderte von Erinnerungen an unsere gemeinsamen Momente.

Welch eine Lust hatte ich, ihr Haar mit meinen Händen zu streicheln, ihre Tränen mit meinen Küssen zu trocknen und ihr zu sagen, dass auch ich sie so vermisste, dass ich nur wegen ihr noch immer am Leben war. Wie gern hätte ich sie wissen lassen, wie sehr ich sie liebte, und sie für die schlimmen Momente um Verzeihung bitten wollen, die ich ihr bereitet hatte.

Sie blieb so einige Augenblicke und hob dann den Kopf, um mich anzusehen. Es überraschte mich, dass sie weinte und zugleich lächelte. Ja, sie ließ diese Kraft erkennen, von der mein innerer Führer und ich gesprochen hatten.

„Hast du schon gesehen, was ich für einen Riesenbauch habe, mein Liebster?", sagte sie zu mir in scherzhaftem Ton, wobei sie eine Hand auf ihren Bauch legte und ihn streichelte.

„Es ist dein Baby ... es wird bald zur Welt kommen." Sie wurde einen Moment lang nachdenklich und fuhr dann fort: „Dieses Baby ist eine Frucht unserer Liebe. Ich weiß, dass unsere Beziehung nicht vollkommen war, aber ich hatte immer die Gewissheit, dass du mich liebtest", sprach sie weiter zu mir, wobei sie vom Weinen zum Lachen überging, in einer unergründlichen Mischung aus Heiterkeit und Trauer.

„Ich liebe dich zutiefst – und wenn ich dich schlecht behandelt habe, dann deshalb, weil ich falschen Grundüberzeugungen blind gefolgt bin", stellte ich mir vor, ihr zu antworten. „Danke, dass du trotz allem hier bist."

„Ach, mein Liebster, was soll nur aus uns werden?", seufzte sie. „Mag geschehen, was geschehen mag, alles wird gut, du wirst schon sehen", antwortete ich ihr stumm – in der sicheren Gewissheit, dass wir die Kraft haben, uns den Herausforderungen des Lebens zu stellen, wie groß sie auch sein mögen.

Kapitel 9

In den folgenden zwei Wochen passierte weiter nichts. Ich setzte die stummen Unterhaltungen mit meinem inneren Führer fort, und ich glaube, ich erfuhr in jener Zeit mehr über die wahren Werte unserer menschlichen Existenz, über unsere Fähigkeiten und unsere Verantwortung ... und über eine Unzahl weiterer wichtiger Punkte, als in meinem ganzen bisherigen Leben.

Im Krankenhaus änderten sie die Besuchszeiten und erlaubten, dass jemand aus meiner Familie blieb, um bei mir zu schlafen, denn mein Herz konnte jeden Moment zu schlagen aufhören. Sie stellten ein Feldbett an der Wand auf, damit meine Mutter die Nacht bei mir verbringen konnte. Manchmal blieb mein Vater oder eines meiner Geschwister, um ihr eine Pause zu verschaffen. Meine Mutter lehnte stets zunächst ab und sagte, sie wolle für alle Fälle anwesend sein. Sie überzeugten sie, indem sie ihr versicherten, derjenige, der bei mir bliebe, würde sie umgehend anrufen, falls sich etwas ereignete.

In jener Nacht nun wunderte ich mich ein wenig, dass noch niemand gekommen war, um bei mir zu bleiben, aber allzu viel Bedeutung maß ich dem nicht bei; ich nahm an, meine Mutter oder jemand anderer meiner Familienangehörigen würde später kommen.

Ich vermute, es war etwa elf Uhr nachts, als sich plötzlich die Tür öffnete. Ich sah die Krankenschwester, die sich um mich gekümmert hatte, bevor Esperanza gekommen war, jene kaltherzige und missmutige Frau, begleitet von einem Arzt, den ich nie zuvor gesehen hatte. Beide schauten sich nach allen Seiten um, wohl, um sich zu vergewissern, dass niemand sie hatte eintreten sehen, und schlossen dann die Tür. In Richtung meines Bettes deutend, jedoch ohne mir ins Gesicht zu sehen, sagte die Frau:
„Das ist der, von dem ich dir erzählt habe."
Der Arzt, der sie begleitete, kam näher, um mich anzusehen. Er wurde einen Moment lang nachdenklich und fragte dann:
„Wie lange, sagst du, liegt er schon im Koma?"
„Etwa achteinhalb Monate. Ich sage dir, er ist ideal", antwortete sie.
„Na gut, und woher weißt du, dass seine Organe in gutem Zustand sind?", fragte er weiter nach.
„Vor etwa zwei Wochen wurde er sechs Minuten lang für klinisch tot erklärt, aber sie schafften es, ihn wiederzubeleben. Seitdem sind seine Lebenszeichen stabil. Alles funktioniert gut", antwortete die unsympathische Krankenschwester.
Der Arzt blieb nachdenklich, rieb sich das Kinn und drehte sich ständig zur Tür, als ob er befürchtete, entdeckt zu werden.
„Es ist sehr riskant", sagte er schließlich. „Erstens ist da der Alarm des Gerätes. Zweitens: Was ist, wenn seine Familienangehörigen kommen ... Ich weiß nicht, ob es der Mühe wert ist ..."

„Es ist der Mühe wert, Mann!“, fiel sie ihm ins Wort. „Sie zahlen uns fünftausend Dollar für jede seiner Nieren. Sein Vater hat bereits die Vollmacht unterschrieben – die Vollmacht zum Nichteingreifen im Fall eines Herzstillstands! Um den Alarm kümmere ich mich, ich kann ihn ausschalten. Und wegen seiner Familie, da mach dir mal keine Sorgen. Ich weiß, dass sie heute nicht kommen.“

„Hast du schon überprüft, ob seine Blutgruppe mit der Blutgruppe des Organempfängers übereinstimmt?“, fragte er.

„Sie stimmt überein, beide sind 0 positiv.“

„Wie steht es um die Krankengeschichte?“, bohrte er nach, auf der Suche nach einem überzeugenden Grund, nicht weiter zu machen.

„Die habe ich schon fertig, alles in Ordnung.“

„Wie werden wir es anstellen, ihn umgehend in die Leichenhalle zu bringen?“

„Ich bin damit betraut, die Einlieferungen in die Leichenhalle zu melden, so dass das kein Problem ist.“

„Na gut, und wie rechtfertigen wir, dass wir anwesend sind, wenn es passiert?“

„Sieh mal, ich wurde gerade erneut eingeteilt, um mich um diesen Patienten zu kümmern. So wirkt es ganz normal, dass ich hier bin. Außerdem hast du heute Nachtdienst, nicht wahr? Dann wird es gar nichts Ungewöhnliches sein, dass ich ihn, während ich meiner Routine nachgehe, bereits leblos vorfinde, und dass ich dich rufe, um seinen Tod zu bestätigen.“

„Ich weiß nicht ... irgendetwas geht schief", grübelte er, während er mich noch einmal ansah.
„Zögere doch nicht so! ... Wenn dich das Geld nicht überzeugt, dann denk daran, dass die Frau, die die Nieren bekommt, noch ihr ganzes Leben vor sich hat. Sie hat zwei Kinder, die zu Hause auf sie warten. Er dagegen, schau ihn doch an! Er ist bereits am Ende seines Lebens angekommen. Er wird hier künstlich am Leben erhalten, aber sein Gehirn hat sicher bereits vor Monaten aufgehört zu arbeiten."
Der Arzt hörte zu, betrachtete mich dann einige Augenblicke lang und wandte schließlich seinen Blick ab, als wüsste er, dass ich mir im Klaren darüber war, was sie im Schilde führten, und als schämte er sich dafür.
„Na gut", sagte er und stieß dabei einen Seufzer aus, „schalte den Alarm aus, ich passe auf, dass niemand kommt."
Die Krankenschwester beeilte sich, auf der Rückseite des Geräts, das mich am Leben erhielt, einige Kabel umzustecken. Währenddessen öffnete der Arzt die Tür einige Zentimeter und spähte sichtlich nervös hinaus.
„Schon erledigt!", sagte sie, trat ein wenig beiseite und rieb ihre Hände an ihrem Kittel ab – wie es Kinder machen, wenn sie dabei erwischt wurden, etwas anzufassen, was ihnen verboten worden war.
Der Arzt warf einen weiteren flüchtigen Blick aus dem Zimmer, schloss dann lautlos die Tür und näherte sich dem Gerät.
„Pass jetzt gut auf", sagte er zu ihr, „siehst du diese sieben Schalter? Du musst stündlich einen davon umlegen, um plötzliche

Veränderungen zu vermeiden. Nur so erhalten wir seine Organe in gutem Zustand, um sie dann verwenden zu können. Es ist jetzt Mitternacht", sagte er, während er auf die Uhr schaute. „Leg jetzt den ersten Schalter um und komm jede Stunde wieder hierher zurück."

Die Krankenschwester trat an die Schalttafel des Gerätes heran und betätigte den ersten Schalter. Ich spürte, dass mein Herzschlag abnahm, und ich fühlte mich sehr müde, wie wenn man im Begriff ist, einzuschlafen.

„Die verbleibenden musst du in dieser Reihenfolge ausschalten", erklärte der Arzt, indem er von links nach rechts auf die Schalter zeigte und sich mit dem Ärmel seines weißen Kittels den Schweiß abtrocknete, der ihm von der Stirn tropfte. „Du kümmerst dich um das hier ... und ich gehe jetzt, um alles für die Transplantation vorzubereiten. Wenn etwas schiefgeht, haben wir ein sehr großes Problem."

„Da geht nichts schief. Du machst dir zu viele Sorgen", war das Letzte, was ich die Krankenschwester sagen hörte, bevor beide eilig das Zimmer verließen.

Kapitel 10

Einige Minuten, nachdem der Arzt und die Krankenschwester hinausgegangen waren, kam Esperanza ins Zimmer – und ich dachte, dass ich doch noch eine Chance hätte, weiterzuleben. Sie setzte sich neben mich auf das Bett, sah mich einen Moment lang mitfühlend an, strich mir über das Haar, wie sie es gewöhnlich tat, und sagte zu mir:
„Hallo, ich komme, um mich zu verabschieden."
„Um dich zu verabschieden? Weißt du möglicherweise, was vor sich geht?", fragte ich sie stumm.
„Meine Arbeit hier mit dir ist zu Ende."
„Warte, geh nicht", stellte ich mir vor, ihr zu erwidern. „Dreh dich mal zur Schalttafel! Stell den Schalter wieder nach oben!"
„Übrigens ...", lächelte sie, unschlüssig, ob sie mit dem weitermachen sollte, was sie mir erzählen wollte, und fuhr dann fort: „Bei Laura haben heute um etwa zehn Uhr abends die Wehen eingesetzt und man erwartet, dass das Baby etwa in sechs Stunden zur Welt kommt. Deine ganze Familie ist jetzt bei ihr, deshalb sind sie dich heute Abend nicht besuchen gekommen."
„Umso mehr! Stell den Schalter nach oben! ... Stell den Schalter nach oben! ... Stell den Schalter nach oben! ...", schrie ich sie stumm an, als ob ich alle telepatischen Kräfte mobilisieren wollte.

„Es gibt nichts mehr, was ich für dich noch tun könnte. Jetzt muss ich zu jemand anderem gehen, der mich braucht. Ich hoffe, meine Anwesenheit hat dir etwas genützt."

„Sie hat mir sehr viel genützt, Esperanza", sagte ich, nun gottergeben. „Dank dir und deiner Pflege habe ich die ersten Monate hier durchgehalten. Ich habe von dir gelernt, was es heißt, bedingungslos zu lieben und sich der Fürsorge anderer hinzugeben, ohne eine Gegenleistung zu erwarten. Ich danke dir von Herzen!"

„Wenn ich doch nur mehr hätte tun können, aber ...", sie wurde einige Momente lang nachdenklich, senkte den Kopf, wischte sich eine Träne ab und fuhr dann fort: „Alles ist gut, du wirst schon sehen. Es ist an der Zeit für mich zu gehen." Sie küsste mich auf die Stirn und verließ das Zimmer, ohne sich noch einmal nach mir umzudrehen.

„Leb wohl, Esperanza, möge Gott dich segnen, danke für alles ..."

Na gut, so endete die Ungewissheit. Sechs Stunden Leben blieben mir noch – meine Absicht, meinem Baby zu begegnen, war bereits zunichte gemacht. Ich versuchte angestrengt, mich über die beiden zu ärgern, die dabei waren, alles zu vermasseln ... und vermochte es nicht. Ungeachtet dessen, dass sie zum Teil von Habsucht getrieben waren, war das Ergebnis positiv, wenn sie es schafften, meine Nieren zu verwenden, um jene Frau zu retten, von der sie sprachen. Das könnte meine letzte gute Tat sein –

auch wenn ich nicht direkt eingriff, würde ich mit einem Teil meines Körpers jemandem helfen, weiterhin dieses wunderbare Leben genießen zu können.

Welch eine Ironie! Mein Baby wartete in einem anderen Teil dieses Krankenhauses darauf, mit seinem Leben zu beginnen – und ich wartete hier darauf, meine Existenz zu beenden. Es schien fast so, als gäbe es eine besondere Verbindung zwischen ihm und mir.

„*Es gibt eine besondere Verbindung zwischen deinem Baby und dir!*", bemerkte mein innerer Führer. „*Nicht nur zwischen euch beiden, sondern mit der gesamten Menschheit, mit allen Lebewesen und mit allem, was existiert.*"

„Natürlich, alle sind wir Teil des Universums."

„*Du bist nicht ein Teil des Universums, du bist das Universum, du bist das Leben selbst.*"

„Ich soll das Leben sein? Das ist sehr tiefgründig", bemerkte ich. „Ich habe das Gefühl, die sechs Stunden, die mir bleiben, werden nicht ausreichen, um es mir zu erklären."

„*Ich werde es dir nicht erklären. In Anbetracht der Umstände werde ich mir erlauben zu tricksen und dir etwas zu zeigen, was nur wenige Menschen in ihrem ganzen Leben zu sehen in der Lage sind. Werde ohnmächtig …*"

„Was? Wie stelle ich es an, ohnmächtig zu wer…" Ich hatte die Frage noch nicht ganz gestellt, als ich merkte: Ich war nicht mehr in dem Krankenhauszimmer und auch nicht mehr in meinem Körper. Es war wie in einem jener Träume, in denen schlichtweg alles möglich ist – du merkst, dass du träumst und du weißt, was passiert, ohne dass du es sehen oder hören musst.

„*Das ist die Erleuchtung*“, sagte er. „*Das ist das, was die Weisen suchen und die Gurus und Meister erreichen wollen. Das ist das, was dir Jahre um Jahre tiefer Meditation bringen.*“

„Welcher Ort ist das? Der Himmel?“

„*Es ist kein Ort – es ist ein Gefühl. Hier gibt es weder Raum noch Zeit, wie du sie kennst.*“

„Aber …“

„*Pssssst! … Bring deine Gedanken jetzt zum Schweigen – erlaube dir, zu fühlen.*“

Ich gab mich ganz und gar dem Erleben hin und innerhalb von Sekunden konnte ich das große Geschenk begreifen, das mir mein innerer Führer gemacht hatte: „Die Erleuchtung“, wie er sie nannte, ist das wunderbare Gefühl, Teil des Universums und gleichzeitig das Universum selbst zu sein. Es ist das spürbare Erleben einer Verbindung mit allen Menschen, mit allen Lebewesen und mit allem, was existiert. Es ist der vollkommene Verlust der Angst vor dem Alleinsein – und es ist die tiefe Einsicht, dass das Leben für uns alle sorgt, wie es für alles sorgt, was existiert. Es ist das Wissen, dass alles in unserem Leben in Ordnung ist, und dass wir Teil von etwas Großartigem sind, Teil eines herrlichen, komplexen Planes.

„Es ist Zeit, dass du zurückkommst.“ Ich konnte kaum die Stimme meines inneren Führers hören, der mich aufforderte, aus diesem herrlichen Traum aufzuwachen.

Einmal mehr fühlte ich mich wieder zurück in meinem Körper – und trotz der schrecklichen Müdigkeit bewahrte ich das Gefühl des Wohlbefindens, das dieses Erlebnis mir schenkte.

„Das war wunderbar!“, äußerte ich, erregt und, wie üblich, stumm. „Ich bin Teil von allem, was es gibt! Ich bin so bedeutend wie die Sterne, wie die Sonne, wie alles andere, was existiert!“

„Wir alle sind es – und das ist nicht nur leeres mystisches oder spirituelles Gerede, es ist eine wirkliche und nachprüfbare Tatsache“, antwortete mein innerer Führer und fuhr dann fort:

„Du wurdest aus einer Zelle deines Vaters und einer Zelle deiner Mutter geschaffen. Und dieses Paar Zellen trägt die genetische Information von all dem, was alle deine Vorfahren waren. So bist du mit der gesamten Menschheit verbunden, weil wir letztendlich alle verwandt sind.“

„Aber ... ich fühlte mich nicht nur mit den Menschen verbunden, sondern mit allem, was existiert“, merkte ich voll Neugier an.

„Als du im Leib deiner Mutter empfangen wurdest, hatten ihr Körper und diese beiden Zellen all die Information zur Verfügung, die nötig war, um jeden Teil deines Körpers zu erschaffen. Es gab einen vollkommenen Plan, um dich exakt so zu formen, wie du jetzt bist. Bis

zum kleinsten Detail warst du schon von vornherein festgelegt: die Farbe deiner Augen, deiner Haare und deiner Haut, die Form deines Mundes, die Grübchen deiner Wangen, die Haare deines Körpers und wo genau jedes einzelne von ihnen wachsen würde. Ein wahres Wunder!

Also nahm der Körper deiner Mutter das Rohmaterial, um dich aus all dem zu formen, was ihn umgab; aus der Luft, die er atmete, aus dem Wasser, das er trank, und aus der Nahrung, die er zu sich nahm. Und so wurdest du geformt, aus Teilen des Universums selbst.

Ein Apfel, der einst vielleicht, sozusagen, Teil eines Säugetiers war und davor ein Insekt und lange davor das Blütenblatt einer Rose, wurde verwendet, um dein Herz zu formen. Das Wasser, das irgendwann ein Fluss war und ein anderes Mal ein Eisberg am Nordpol, der sich später in Wolken und Regen verwandelte, wurde verwendet für das Blut, das durch deine Adern fließt. Und die Mineralien, die irgendwann ein Berg waren und vor langer Zeit Teile eines fernen Sterns, wurden verwendet, um deine Knochen zu formen.

Wenn du stirbst und dein Körper zerfällt, werden die Teilchen, die ihn formen, zum Rohmaterial, welches das Universum verwendet, um sich weiter zu erneuern.

„Sagst du deshalb, ich sei das Leben selbst? “

„So ist es, durch dich erhält sich das Leben aufrecht und erneuert sich. Du warst das Werkzeug, welches das Leben verwendete, um ein anderes wunderbares Wesen voller Möglichkeiten zu erzeugen: das Baby, das einige Meter von hier darauf wartet, geboren zu werden. Dieses

neue Wesen wird der Welt etwas ganz Besonderes geben, etwas, das sie nur von ihm bekommen kann, ein wunderbares Geschenk für das gesamte Universum."

„Willst du damit sagen, dass mein Baby außergewöhnlich sein wird? Dass es mein Lebenszweck war, es in die Welt zu bringen?"

„Es ist so außergewöhnlich, wie du es bist, und wie es jeder einzelne Mensch ist. Das Geschenk, das es der Welt machen wird, ist seine eigene Individualität. Denn obwohl es ein Teil von allem ist, was existiert, wird es auch einzigartig sein. Dieses Baby wird seine Gedanken, seine Ideen, seine Art und Weise zu sein, seine Gefühle, seine Freuden und seine Traurigkeiten in die Welt bringen. Das ist der Zweck unseres Lebens. Der Welt das zu geben, von dem wir wissen, dass nur wir es ihr geben können."

„Wir selbst zu sein, das ist der Sinn unseres Lebens!", unterbrach ich ihn.

„Das zu sein, was wir sind, und diese einzigartige Gelegenheit zu genießen, da zu sein. Bevor du geboren wurdest, warst du ein Teil der Ewigkeit, und wenn du stirbst, wirst du zu ihr zurückkehren. Eine kurze Zeitspanne wurde dir gewährt, um du selbst zu sein – nutze sie ..."

Kapitel 11

In diesem Moment öffnete sich die Tür und herein kam die Krankenschwester, die nunmehr als mein Henker fungierte. Sie schloss die Tür vorsichtig hinter sich, um keinen Lärm zu machen, kippte den zweiten Schalter nach unten und ging eilig aus dem Zimmer, wobei sie darauf achtete, nicht gesehen zu werden.

Ich ängstigte mich ein wenig, als ich bemerkte, dass der Rhythmus meiner Atmung sich verlangsamte. Ich fühlte mich schwindlig und mir wurde einige Augenblicke lang schwarz vor Augen. Allmählich gewöhnte sich mein Körper an die geringere Menge Sauerstoff, das Schwindelgefühl ließ nach und es blieb nur die Müdigkeit zurück.

Ich spürte keine Angst mehr und auch keinen Zorn; doch mich überkam eine tiefe Traurigkeit.

„*Diese Traurigkeit rührt von der Schuld und der Verbitterung*", deutete mein innerer Führer an. „*Nütz diese Zeit, um zu vergeben und, am wichtigsten ... dir selbst zu vergeben.*"

Ja, ich fand, er hatte Recht, und ich begann, mir vorzustellen, wie ich Briefe an die wichtigen Menschen in meinem Leben schrieb. Ich begann mit meinen Eltern ...

Lieber Papa, liebe Mama,

ich schreibe euch diesen Brief im Angesicht meines Todes – um mich zu verabschieden und euch zu danken für all das Gute, mit dem ihr mein Leben erfüllt habt.
Ich begreife es jetzt: Alles, was ihr für mich getan habt, habt ihr aus Liebe getan – und trotz aller Fehler, die ich begangen habe, und der schlimmen Momente, die ich euch aus Unwissenheit bereitet habe, wart ihr stets bereit, mir zu helfen. Ich erkenne, dass ihr stets mit den besten Absichten gehandelt habt, und dass ihr das Beste getan habt, was ihr konntet.
Ich begreife es jetzt: Auch ihr hattet eine Vergangenheit mit Freuden und Leiden, auch ihr hattet Wunden und Ängste, wie wir alle, und ihr habt stets in Übereinstimmung mit dem gehandelt, von dem ihr glaubtet, dass es das Beste für alle sei.
Ich möchte euch um Verzeihung bitten dafür, dass ich euch die Schuld gegeben habe für das, was in meinem Leben schief lief, und ich gestehe in diesem Moment ein: Der einzige Verantwortliche für meine Taten war und bin ich selbst. Ich war frei, mein Schicksal zu wählen, und meine eigenen Handlungen brachten mich in meine jetzige Situation.
Ich möchte euch um Verzeihung bitten, weil ich über euch geurteilt und mich beständig auf eure Schwächen und Fehler konzentriert habe. Ich weiß jetzt, dass ich nicht das geringste Recht dazu hatte, da niemand weiß, was es heißt, in eurer Haut zu stecken. Ich begreife nun, dass es ein Fehler ist, andere ändern zu wollen, und dass wir sie so annehmen können, wie sie sind.

Ich hoffe, ihr versteht es eines Tages: Ich bin stolz darauf, euer Sohn gewesen zu sein; hätte ich mir meine Eltern aussuchen dürfen – ich hätte euch ausgewählt.
Ich bin sehr traurig über den Kummer, den ich euch bereitet habe. Ich bin sicher, eure Liebe wird euch die Kraft geben, diese Situation und alle anderen schwierigen Situationen zu überstehen, die euch das Leben bietet.
Mama und Papa, habt Dank für eure Liebe und eure Fürsorge. Habt Dank für eure Geduld und eure Unterweisungen. Habt Dank, dass ihr mir das Leben geschenkt habt.

Ich habe euch lieb.

Herzlichst
Euer Sohn.

Als ich diesen Brief innerlich, im Geiste, fertig geschrieben hatte, fühlte ich mich, als hätte ich eine schwere Last hinter mir gelassen, die ich seit langem mit mir herumschleppte. Eine Last, die ich krampfhaft festhielt, und die meine Reise durch das Leben schwerfällig und mühevoll machte.
Ich machte weiter, indem ich mir nun vorstellte, einen Brief an mein Baby zu schreiben – mein Baby, das ich wohl niemals kennen lernen würde.

Lieber Sohn oder liebe Tochter,

während du darauf wartest, das Licht der Welt zu erblicken, verlöscht langsam das Licht meines Lebens.
Ich wundere mich darüber: Ohne dich zu kennen, ohne dich auch nur ein einziges Mal gesehen zu haben – die bloße Tatsache, von deinem Dasein erfahren zu haben, erfüllte die letzten Momente meines Lebens mit großer Erwartung und Freude.
Ich kann nicht erklären, warum ich eine tiefe Liebe für dich fühle, obwohl ich dich nie in meinen Armen hielt. Sicher, weil du für mich und für alle die Hoffnung auf eine bessere Welt darstellst – oder weil du der Beweis dafür bist, dass irgendjemand dort oben noch immer darauf vertraut, dass wir unser Leben verbessern können und eine weitere Chance verdienen, glücklich zu sein.
Lass nicht zu, dass mein Tod einen Abdruck in deinem Leben hinterlässt. Denk immer daran, dass ich selbst meine Entscheidungen traf und für meine Taten allein verantwortlich bin. Dass du ein individuelles neues Wesen bist und nicht für die Fehler einstehen musst, die ich begangen habe. Lass nicht zu, dass jemand versucht, meinen Tod in eine Tragödie zu verwandeln – er ist es nicht. Wir alle müssen früher oder später sterben, und stets werden wir dabei sogenannte ‚ungenutzte Möglichkeiten' zurücklassen. Denn: „Das, was wir hätten tun können", gibt es nicht; es gibt einzig und allein das, was wir tun. Lass auch nicht zu, dass die Tatsache, keinen Vater zu haben, dich zu stark beeinträchtigt. Wir alle können die Wirklichkeit annehmen, wenn wir nicht an dem festhalten, was hätte sein können. Denn:

„Das, was hätte sein können", gibt es auch nicht; es gibt einzig und allein das, was ist.
Öffne dein Herz, um die Liebe deiner Mutter und all deiner Mitmenschen zu empfangen. Wenn du das tust, wirst du bemerken, dass du weder meine Liebe noch meine Gegenwart brauchst. Es wird immer noch genug Liebe für dich geben, nachdem ich fortgegangen bin.
Mach der Welt das große Geschenk, das in deiner Liebe und in deiner Art zu sein besteht. Lass nicht zu, dass die Angst dich davon abhält, zu tun, was du möchtest. Vertrau darauf: Du bist ein Wunder und das Leben ist bereit, für dich zu sorgen, wie es für all seine Kinder sorgt. Genieß dein Leben und mach aus ihm ein wunderbares Erlebnis.

Ich habe dich lieb.

Herzlichst
Dein Papa.

Danach stellte ich mir vor, einen Brief an Laura zu schreiben, der lautete:

Liebe Laura,

heute erkenne ich es: Einen großen Teil meines Lebens verbrachte ich damit, in der Zukunft zu leben, mich davor zu ängstigen, was passieren könnte, und mir auszumalen, was sein sollte. Indem ich so lebte, verpfuschte ich, wieder und wieder, die kostbaren Momente, die wir miteinander verbrachten.

Die meisten Menschen richten den Blick auf ihr Leben in der Zukunft, indem sie Pläne schmieden und sich ausmalen, was passieren wird und was sie erreichen wollen. Mir bleibt nur noch, den Blick auf die Vergangenheit zu richten, und von hier, von meinem Sterbebett aus, erscheint mir alles anders. Aus diesem Blickwinkel zeigen die Dinge meines Lebens ihren wahren Wert. Von hier aus erkenne ich: Das Wichtige im Leben sind weder die Erfolge noch die Ziele, weder Reichtümer noch Titel oder Renommee; das wirklich Wichtige ist, bei denjenigen Wesen zu sein, die wir lieben; wichtig sind die Küsse, die Umarmungen, die Liebkosungen, das Lachen, das Miteinander-Teilen, die Liebe für andere: das ist es, was wir ‚anhäufen' müssen.

Ich weiß, ich habe dir schlimme Momente bereitet, weil ich darauf bestand, dich ändern zu wollen, ohne zu erkennen, dass ich keinerlei Recht dazu hatte, weil du nicht mein Besitz warst. Ich hoffe, du begreifst, dass meine Fehler ihren Ursprung nicht in Boshaftigkeit hatten, sondern in der Unwissenheit, in der Angst, verletzt zu werden,

in einem irrigen Gefühl, deine Liebe nicht zu verdienen, und in der Furcht, mich dir hinzugeben.
Ich bitte dich um Verzeihung für meine Fehler und ich spreche dich heute frei von meinen Ansprüchen und meinen Sorgen. Es war nie deine Pflicht, meinen Bedürfnissen gerecht zu werden – denn du warst nie für mein Glück verantwortlich.
Nichts bleibt in meinem Herzen zurück, außer der Freude, dich gekannt zu haben, der Dankbarkeit für die glücklichen Momente und der Liebe, die ich für dich fühle.

Ich habe dich lieb.

Herzlichst
Dein Liebster.

Schließlich stellte ich mir vor, den Brief zu schreiben, der mir der Wichtigste von allen schien – den Brief an mich selbst.

Geschätzter Freund,

ich nenne mich Freund, weil ich das jetzt für mich selbst sein möchte. Lange Zeit war ich mein schlimmster Feind, eigentlich war ich mein einziger Feind.
Ich war es, der zuließ, dass die Angst mein Leben beherrschte. Ich war es, der an den Sorgen der Vergangenheit festhielt, um meine Gegenwart mit Leiden anzufüllen. Es war meine eigene Stimme, die ich in meinem Kopf hörte und die mir einredete, das Gute nicht zu verdienen, und die dafür sorgte, dass ich mich minderwertig fühlte.
Ich selbst war es, der mich mit Unsicherheiten und Zweifeln, mit Eifersüchten und Verbitterungen erfüllte. Ich selbst war es, der mich bei allem, was ich tat, verurteilte und kritisierte. Ich selbst schädigte meine Gesundheit und mein Wohlbefinden und ich selbst war es, der für die Probleme in meinem Leben verantwortlich war. In mir existierten die Lösungen und die Antworten.
Ich selbst war Angeklagter, Richter und Vollstrecker. Ich selbst fällte die Urteile, und ich selbst erlegte mir die Strafen auf.
Und dennoch ... verzeihe ich mir heute alles, weil ich erkenne, dass ich immer mein Bestes tat. Ich begreife, dass ich ein empfindliches und verletzliches Wesen war, wie es alle menschlichen Wesen sind, und dass die Erlebnisse meines Lebens meine Persönlichkeit formten.

Heute weise ich die Schuld zurück, die ich für meine Fehler fühle – da sie völlig nutzlos ist, nichts hilft und nichts löst.
Ich lernte erst spät, dass ich fähig war, mein Leben zu ändern, trotz meiner Wunden und der Situationen, in denen ich mich befand. Erst spät begriff ich, dass ich mein eigener Herr war, dass meine Gedanken mein Dasein formten, dass ich kein Sklave der Umstände war, sondern die Macht hatte, mich zu bessern, mich zu ändern und in Harmonie zu leben.
Ich kann jetzt sehen: Mein Leben war wunderbar, trotz der Verluste und Wunden, die wir alle gemeinsam haben. Ich bin dankbar für die Gelegenheit, die ich hatte, zu sehen, zu hören, zu fühlen, zu schmecken, die Gelegenheit, mein Leben mit anderen zu teilen, und die Gelegenheit, meine Mitmenschen zu lieben.
Heute mache ich mich frei von alten Verbitterungen gegenüber anderen und gegenüber mir selbst.
Heute zerreiße ich die Ketten, mit denen ich mich selbst gefesselt habe.
Heute befreie ich mich von der Angst und der Schuld.
Heute vergebe ich mir all meine Fehler.
Heute räume ich ein, dass niemand außer mir selbst Kontrolle über meine Gedanken hat.
Heute räume ich ein, dass niemand außer mir selbst Kontrolle über meine Gefühle hat.
Heute erkläre ich mich frei von all meinen Wunden.
Heute ist ein schöner Tag zum Sterben.

Ich habe mich lieb.

Herzlichst
Der wichtigste Mensch in meinem Leben.

Als ich all diese Briefe innerlich, in meiner Vorstellung, geschrieben hatte, fühlte ich mich befreit, wenngleich ich wusste, dass ich keine Gelegenheit haben würde, sie wirklich zu Papier zu bringen.

„*Die Entscheidung, die Schuld und die Verbitterung zurückzulassen, ist etwas, was mit dir zu tun hat und nicht so sehr mit den anderen*“, bemerkte mein innerer Führer. „*Wenn du beschließt, zu vergeben, bist du derjenige, der sich befreit und der sich der schweren Last des Grolls entledigt.*
Viele Menschen leben mit einem Sack auf dem Rücken. Einem Sack voller Lasten der Vergangenheit: Kränkungen, Schuldgefühle, Bitterkeiten, Verwundungen, Enttäuschungen, gescheiterte Liebesgeschichten, zerbrochene Herzen, Treulosigkeiten, Schicksalsschläge ...“
„Viele sagen dazu: ‚Wir alle haben ein Kreuz zu tragen‘“, unterbrach ich ihn.
„*Woher nehmen sie diese Vorstellung? Sie selbst laden sich das Kreuz auf den Rücken und halten an der Vergangenheit fest; die Entscheidung liegt bei ihnen, das Kreuz in dem Moment zurückzulassen, in dem sie das wollen. Keiner hat von ihnen verlangt, ein Kreuz zu tragen und zu leiden.*“
„Sie sagen, dass sie für alles im Leben bezahlen müssen“, bemerkte ich.
„*Das ist noch schlimmer!!! An wen müssen sie denn zahlen? Und müssen sie denn unbedingt mit Leid bezahlen? Sie vergessen, dass*

das Leben großzügig zu seinen Kindern ist und dass die Liebe, die sie bekommen, bedingungslos ist, dass sie ihnen gegeben wird, ohne dass eine Gegenleistung erwartet wird. Schau auf die Pflanzen, die Tiere – alle Geschöpfe dieser Welt bekommen alles, was sie brauchen.

Kapitel 12

Abermals kam die Krankenschwester in mein Zimmer – und zum ersten Mal kam sie näher heran, um mich anzusehen. Sie beugte sich über mich und näherte ihr Gesicht bis auf wenige Zentimeter dem meinen. Sie schaute mir direkt in die Augen, wie jemand, der etwas durch eine Fensterscheibe hindurch sucht. Ich bemerkte, dass ihre Gesichtszüge sehr derb waren, und ihre Haut sah welk aus und fleckig. Ihre Lippen waren dünn, ohne Farbe und ohne Leben. Sie hatte eine arge Warze auf der Stirn, aus der zwei dicke Haare hervorsprossen – was sie nicht gerade anziehender machte. Ihr Atem war gepresst und beim Ausstoßen der Luft machte sie ein sonderbares, unangenehmes Geräusch. Sie verharrte so und sah mich mehrere Sekunden lang an, und ich konnte mein Gesicht in ihren schwarzen Augen gespiegelt sehen. Und genau in jenem Moment verstand ich etwas sehr Wichtiges: Diese Frau ist eine andere Ausführung von dem, was ich selbst bin! Beide haben wir die Fähigkeit gemeinsam, anderen Schaden zuzufügen, die Fähigkeit zur Lüge, zur Habgier, zur Selbstsucht und gar zum Mord. Dieses Eingeständnis erfüllte mich mit kaltem Grausen.

„*Wundere dich nicht so sehr darüber*", merkte mein innerer Führer an, als er meine Reaktion bemerkte. „*Das ist Teil deiner Freiheit und Teil deiner eigenen Natur. Um frei zu sein, brauchst du Wahlmöglichkeiten. Welchen Wert hätte das gute, gerechte Handeln eines Menschen, wenn dieser nicht auch fähig wäre zum Gegenteil? Der Wert unserer Handlungen besteht darin, dass wir das auswählen, was besser ist – für alle und nicht nur für uns selbst.*"

„Wählen wir zwischen dem Guten und dem Schlechten aus?"

„*Es geht nicht um ‚gut' oder ‚schlecht', es geht darum, zwischen dem zu wählen, was uns zugute kommt, und dem, was uns schadet. Das Problem ist die Weigerung, zu erkennen, dass jeder Schaden, den du anderen zufügst, früher oder später zu dir selbst zurückkommt. Nimm zum Beispiel diese Frau. Was glaubst du, was sie hier tut, wenn sie dich auf diese Art und Weise ansieht?*"

„Ich habe keine Ahnung ..., sie kommt vielleicht, um mich auszulachen", antwortete ich unsicher.

„*Sie kommt, um ihr Gewissen zu beruhigen. Sie will sich vergewissern, dass du nicht bei Bewusstsein bist. Bestimmt sagt sie sich immer wieder, dass du es nicht bist, und dass sie es wegen der Frau macht, die auf die Organe wartet, und nicht wegen des Geldes. Vergiss nicht: Ihr wichtigstes Ziel ist, einen Gewinn zu erzielen, nicht dir Schaden zuzufügen.*"

„Und doch wird der Zweifel sie über lange Zeit quälen."

„*So ist es, und das ist die Entscheidung, die sie getroffen hat. Sie nutzt ihre Entscheidungsfreiheit.*"

Die Krankenschwester lenkte mich ab, indem sie ihre Hand auf mein Gesicht legte, um meine Augen zu verdecken – als ob sie es nicht mehr ertrage, dass ich sie anschaute. Ich konnte hören, wie sie den dritten Schalter betätigte …

Dieses Mal setzte die Umstellung in meinem Magen ein. Es war, als ob ich plötzlich großen Hunger hätte, außerdem fühlte ich ein Kribbeln, das von meiner Taille bis in die Zehen lief. Die Müdigkeit nahm zu und ich verlor das Bewusstsein …

Kapitel 13

Was mich mein Bewusstsein noch einmal wiedererlangen ließ, war ein angenehmes Gefühl auf meinen Wangen. Nachdem ich meinen Blick scharf gestellt hatte, erkannte ich: Es handelte sich um meine jüngste Schwester Graciela, die ihre Hände auf mein Gesicht gelegt hatte und mich verspielt liebkoste, wobei sie sagte:
„Wach schon auf, Faulpelz, komm schon, setz dich auf, Brüderchen, denn du hast wichtigen Besuch."
Ich wunderte mich darüber, sie hier vor mir zu sehen, weil meine Eltern ihr nicht erlaubt hatten, mich zu besuchen, um ihr größeren Kummer zu ersparen.

Ich bemerkte, dass nur einer der Schalter noch nicht umgelegt war, so dass also die Krankenschwester die beiden anderen schon betätigt haben musste, während ich bewusstlos war.
„Dein Baby ist zur Welt gekommen ... es ist ein hübsches kleines Mädchen! Richte dich auf, damit du sie sehen kannst, bitte!", forderte Graciela. „Du musst aufwachen, Brüderchen! Du musst aufwachen!", wiederholte sie, lauter, wieder und wieder, wobei sie jedes Mal verzweifelter wurde und ihre Hände gegen meine Brust drückte.

„Deshalb wollten wir nicht, dass du mitkommst, Gracielita. Versuche, dich zu beruhigen, Töchterchen“, sagte meine Mutter, die hinter ihr stand und mein Baby in ihren Armen hielt.
„Komm mit Töchterchen, beruhige dich bitte“, sagte mein Vater, der sich bückte, um sie in die Arme zu nehmen und aus dem Zimmer zu tragen.
Als meine Mutter sah, dass meine Schwester ein wenig ruhiger geworden war, wandte sie sich zu mir, bückte sich ein wenig und nahm das Tuch weg, welches das Gesicht meines kleinen Babys bedeckte.
„Sieh mal, Junge, hier ist dein Baby ...“
Seine Äuglein waren geschlossen, sein Gesichtchen rot und aufgedunsen, es hatte eine Hand auf der Wange. Es so sehen zu können, friedlich schlafend, erfüllte mein Herz mit Freude. Es kam mir vor wie das schönste Bild, das ich je betrachtet hatte ...
Plötzlich kam die widerliche Krankenschwester herein, sicherlich, um den letzten Schalter umzulegen.
„Was machen Sie hier?!“, keifte sie, aufgebracht, weil sie vermutlich befürchtete, entdeckt worden zu sein.
„Wir sind nur gekommen, um ihm das Baby zu zeigen“, sagte meine Mutter verwirrt.
„Sie dürfen hier nicht sein, sie müssen sofort gehen!“, tobte die Krankenschwester, während sie meine Mutter zurückdrängte, um sie von mir fernzuhalten. „Gehen Sie augenblicklich hinaus“, schrie sie, außer sich, weil sie wohl befürchtete, dass ihre Pläne scheiterten.

„Das kannst du nicht machen!“, flehte ich sie innerlich an. „Lass mich bitte mein Baby ein paar Sekunden länger ansehen!“ Ich war verzweifelt, die glücklichsten Momente meines Lebens, die letzen Momente meines Lebens wurden mir soeben entrissen! „Nur ein paar Sekunden länger! Ich will es berühren, auch wenn es nur ein einziges Mal ist!!!“

„Er hat sich bewegt!“, schrie Graciela plötzlich von der Tür her, wo sie gestanden und das Geschehen beobachtet hatte.

Meine Mutter und die Krankenschwester drehten sich um, um mich anzusehen, und bemerkten, dass mein linker Arm angehoben war, als ob ich nach meinem Baby greifen wollte. Der Eindruck auf die Krankenschwester war so stark, dass sie in ihrem Bestreben, möglichst schnell hinauszukommen, den Serumbehälter umwarf, der neben meinem Bett hing; er zerbrach, wodurch sich sein Inhalt auf den Boden ergoss. Sie bahnte sich einen Weg zwischen meinem Vater und Graciela hindurch und rannte verängstigt hinaus.

„Ruf den Arzt!“, bat meine Mutter meinen Papa, der mich verblüfft ansah. In diesem Augenblick ergriff ich mit meiner linken Hand den Schlauch, der in meinen Mund hineinführte, und zerrte verzweifelt an ihm in dem Versuch, ihn herauszuziehen. Ich spürte, dass ich keine Luft mehr bekam.

„Warte einen Augenblick, mein Junge, der Arzt kommt schon“, sagte meine Mutter zu mir, während sie ihre Hand auf meine Schulter legte und im anderen Arm noch immer das Baby hielt.

Fast auf der Stelle erschien mein Vater, begleitet von dem Arzt, der beim ersten Mal mein Leben gerettet hatte und der, als er mich mit schon vom Kissen erhobenem Kopf sah, auf mich zukam und meine Stirn berührte, um mich zu beruhigen. Er entfernte zwei elastische Bänder, die von meinem Mund bis hinter meinen Kopf reichten, und mit einer geschickten Bewegung zog er langsam den Plastikschlauch heraus, der meine Kehle blockierte.

Als ich nach Luft schnappte, schaffte ich es zum ersten Mal seit einer Ewigkeit, die Augen wieder zu schließen. Als ich die Luft wieder herausließ, nachdem ich ein wenig gehustet hatte, begann ich zu weinen, ohne mich zurückhalten zu können.

„Gehen sie sofort hinaus“, bat der Arzt eindringlich meine Eltern und Graciela, die sich um mein Bett versammelt hatten.

„Gehen wir, mein Liebling, lass den Arzt seine Arbeit machen“, sagte mein Vater zu meiner Mutter.

„Wird er wieder gesund werden, Herr Doktor?“, fragte sie besorgt.

„Er ist bei Bewusstsein, Señora“, antwortete der Arzt. „Das ist alles, was wir bis jetzt wissen. Gehen Sie bitte hinaus und bringen sie diese Kleine in die Entbindungsstation, wo sie hingehört.“

„Danke, Gott“, sagte meine Mutter ergriffen.

„Ich habe es euch doch gesagt! Ich wusste, dass er aufwachen würde!“, sagte Graciela vergnügt, während die drei sich zurückzogen.

Kapitel 14

Am folgenden Tag unterzog ich mich einem chirurgischen Eingriff, um den Schlauch loszuwerden, der in meinen Magen eingeführt worden war, und wurde dann in ein anderes Zimmer in den Erholungsbereich verlegt.

Ironischerweise war dieselbe Krankenschwester, die versucht hatte, meinem Leben ein Ende zu bereiten, jetzt eingeteilt worden, sich um mich zu kümmern. Als sie das Zimmer wieder betrat, hatte sie offenbar panische Angst.

„Guten Tag“, sagte sie verschüchtert, wobei sie zu Boden blickte.

„Guten Tag“, antwortete ich ihr möglichst unbefangen.

„Hier ist Ihre Medizin“, sagte sie und ließ ein paar Tabletten auf dem Nachttisch neben meinem Bett zurück. Sie überprüfte, ob im Zimmer alles in Ordnung war, während ich ihr mit meinem Blick folgte.

„Ich gehe schon wieder“, bemerkte sie nervös. „Wenn Sie etwas brauchen, können Sie mich rufen, indem Sie diesen Knopf drücken“, fuhr sie fort, als wollte sie herausfinden, ob ich über das, was geschehen war, informiert war.

„Danke, wie freundlich“, entgegnete ich ihr und tat dabei so, als ob alles in Ordnung sei.

Sie ging auf den Ausgang zu und als sie schon im Begriff war, die Schwelle zu überschreiten, fragte ich sie:
„Übrigens ... was ist mit der Frau passiert, die die Nieren brauchte?"
Ihr Gesicht wurde kreidebleich und sie riss die Augen auf, als ob sie ein Gespenst gesehen hätte. Sie realisierte in diesem Moment offensichtlich, dass ich alles wusste.
„Die ... die ... Frau. Ihr geht es gut, sie hat am selben Tag, an dem Sie aufgewacht sind, einen Spender gefunden", stammelte sie, bemerkenswert nervös.
Weiter sagte sie nichts und schloss die Tür. Später erfuhr ich, dass sie und der Arzt, mit dem sie geplant hatte, meine Organe zu verkaufen, an diesem Tag ihre Arbeit aufgaben, sicherlich, weil sie fürchteten, ich würde sie verraten. Man hat dann nichts mehr von ihnen gehört.

Ich erinnere mich sehr gut an den Tag, als mich meine Familienangehörigen besuchten. Meine Mutter war so erregt, dass sie ins Zimmer gerannt kam und mich kraftvoll in die Arme schloss, mein Gesicht zwischen ihre Hände nahm und mich mit Küssen überhäufte.
„Junge! Es ist ein Wunder. Welch eine Freude, zu sehen, dass es dir wieder gut geht!", sagte sie unter Tränen und Küssen zu mir.
„Mamita, welche Sehnsucht hatte ich, dich in die Arme zu schließen! Ich habe dich sehr lieb", erwiderte ich und legte meinen Arm um ihre Schultern, während Tränen mir die Wangen herunterliefen.

Mein Vater stand da, beobachtete uns und versuchte zu verbergen, wie gerührt auch er war.
„Komm, Papa, du musst Dich nicht schämen. Ich weiß jetzt, dass auch du Gefühle hast, ich weiß jetzt, dass du mich so lieb hast, wie ich dich“, sagte ich zu ihm, wobei ich ihm meinen Arm entgegenstreckte.
Er kam an mein Bett heran und wir drei verbrachten eine ganze Weile eng umschlungen, ohne dass einer von uns das Weinen zurückhalten konnte.
Dann kamen meine Geschwister, um mich zu sehen. Alle Anwesenden staunten, als sie erfuhren, dass ich die ganze Zeit über bei Bewusstsein gewesen war. Die kleine Graciela freute sich sehr, als ich ihr sagte, dass sie mir geholfen hatte aufzuwachen. Sie zappelte unruhig hin und her und nahm mich stolz bei der Hand.
Die Letzte, die in das Zimmer kam, war Laura. Sie trug unser Töchterchen in den Armen. Alle Anwesenden beschlossen, sich zurückzuziehen und uns allein zu lassen.
„Hallo Liebling, wie geht es dir“, fragte sie mich mit leiser Stimme.
„Ich lebe, mein Schatz ... dank dir und dem Baby, das du in den Armen hältst.“
„Dank uns?“
„Ja, mein Liebling, wegen euch klammerte ich mich so sehr an das Leben. Es war das Verlangen, unserem Töchterchen zu begegnen, das mich mit Kraft erfüllte.“

„Nun, hier ist es", sagte sie und reichte mir dabei das Baby. Ich nahm es ganz vorsichtig in meine Arme und hielt es gegen meine Brust. Ich schaute es lange entzückt an und beobachtete, wie es sein Mündchen auf- und zumachte.
„Sie sieht dir ähnlich", sagte Laura und lächelte dabei voller Zärtlichkeit. Sie rückte näher an mich heran und küsste mich.
Wir verbrachten eine Weile zusammen und dann zog sich Laura zurück, um sich auszuruhen, da sie sich noch immer von der Entbindung erholte.

An diesem Abend war ich der glücklichste Mann der Welt. Ich war neu geboren worden und hatte die Gelegenheit, mein Leben neu in Angriff zu nehmen, eine Familie zu gründen und all das umzusetzen, was ich in den letzten neun Monaten gelernt und erkannt hatte.
Ich dankte Gott, dem Leben, der Natur und dem ganzen Universum für mein Glück. Jetzt hatte ich keinen Zweifel mehr, dass ich Teil war von allem, das existiert.
Ich schloss meine Augen und dachte an meinen inneren Führer. Ich rief innerlich mit lauter Stimme nach ihm ...
„Mein innerer Führer, mein Freund. Ich möchte mit dir sprechen", flehte ich, wieder und wieder, ohne eine Antwort zu bekommen.
Ich fühlte eine große Traurigkeit bei dem Gedanken, dass er nicht mehr bei mir sei, dass ich nichts mehr von ihm würde lernen können.

In dieser Nacht, kurz bevor ich einschlief, hörte ich aus weiter Ferne die Stimme meines inneren Führers:
„Ich kann nirgendwo anders hingehen, denn ich bin ein Teil von dir. Ich werde hier sein, immer, wenn du das Bedürfnis hast, mir zuzuhören …“

Kapitel 15

Ich verbrachte zwei weitere Wochen im Krankenhaus, in denen ich mich erholte und Besuche von Ärzten bekam, die daran interessiert waren, was mir widerfahren war.

Kurz bevor ich das Krankenhaus verließ, fragte ich alle dort, die ich fragen konnte, nach Esperanza. Ich hatte die Absicht, ihr für all ihre Aufmerksamkeiten und für die Liebe zu danken, mit der sie für mich gesorgt hatte. Die Antwort, die ich erhielt, war immer dieselbe: „In diesem Krankenhaus hat niemals eine Krankenschwester mit dem Namen Esperanza gearbeitet." Sogar meine Familienangehörigen erinnerten sich nicht daran, sie kennengelernt zu haben. Esperanzas kurzer Auftritt in meinem Leben wird also für mich wohl immer ein Geheimnis bleiben.

Obwohl ich drei Monate in einer Klinik für körperliche Rehabilitation verbrachte, blieb meine körperliche Beweglichkeit eingeschränkt. Ich bediene mich heute beim Gehen eines Gehstocks, ziehe das linke Bein ein wenig nach, und die Bewegungen meines rechten Armes sind sehr eingeschränkt. Nichts davon beeinträchtigt mich. Ich empfinde es als so großes Glück, mich mit anderen verständigen und am Leben teilhaben zu können, dass diese kleinen Unzulänglichkeiten für mich keinerlei Bedeutung haben.

Laura und ich haben geheiratet und wir leben mit unserem Töchterchen in einer bescheidenen Wohnung. Unsere Leben haben eine andere Bedeutung bekommen und wir entdecken jetzt das Glück in den einfachsten Dingen.

Eines Tages beschloss ich, mit anderen zu teilen, was ich aus jenem Erlebnis gelernt habe – ich begann, dieses Buch zu schreiben, das du nun in deinen Händen hältst.
Ich möchte dich, lieber Freund, liebe Freundin, Bruder, Schwester, fragen:
Wessen Sklave bist du? Sklave der Wunden, die du davontrugst, als du klein warst? Sklave deiner Traumata der Kindheit? Sklave der Vorstellungen eines anderen? Sklave einer Beziehung, die dich nicht befriedigt? Sklave einer Arbeit, die dir keine Freude macht? Sklave der Routine deines Lebens?
Befrei dich, hier und jetzt! Wirf jetzt jene Last ab, die du auf dem Rücken trägst – den Sack voller Bitterkeit, Groll und Schuld. Hör jetzt auf damit, anderen und deiner Vergangenheit die Schuld dafür zu geben, was in deinem Leben nicht richtig läuft. Jeder Tag ist die Gelegenheit, von Neuem zu beginnen. Jeden Morgen, wenn du die Augen öffnest, wirst du aufs Neue geboren, bekommst du eine weitere Chance, zu verändern, was dir nicht gefällt, und dein Leben zu verbessern. Die Verantwortung liegt ganz allein bei dir. Dein Glück hängt nicht ab von deinen Eltern, deinem Partner, deinen Freunden, deiner Vergangenheit – es hängt allein von dir ab.

Was ist es, das dich lähmt? Die Angst vor Ablehnung? Vor Erfolg? Vor Misserfolg? Vor dem, was man sagen wird? Vor Kritik? Davor, Fehler zu machen? Vor dem Alleinsein?

Zerreiß jetzt die Ketten, die du dir selbst angelegt hast! Das Einzige, wovor du Angst haben musst, ist: nicht du selbst zu sein, dein Leben vorbeigehen zu lassen, ohne das zu tun, was du willst, dir diese Gelegenheit entgehen zu lassen, dich anderen zu zeigen, zu sagen, was du denkst, und zu teilen, was du hast. Du bist Teil des Lebens – wie alle anderen kannst auch du erhobenen Hauptes einherschreiten. Die Fehler der Vergangenheit sind bereits vergessen und die Fehler der Zukunft werden verziehen werden. Werde dir bewusst, dass niemand Buch über deine Mängel führt außer dir selbst. Jener Richter, der dich verurteilt, jener Vollstrecker, der dich bestraft, jener schlechte Freund, der dich stets kritisiert, bist du selbst! Lass dich in Ruhe, vergib dir – das kannst nur du.

Wann wirst du deinen geliebten Menschen deine Liebe zeigen? Wenn du nur noch einige Minuten zu leben hast? Wenn ihnen nur noch einige Minuten zu leben bleiben?

Die Liebe, die du heute nicht zeigst, ist für immer verloren. Erinnere dich daran, dass das Leben so kurz und so zerbrechlich ist, dass wir keine Zeit durch Groll und dumme Auseinandersetzungen zu verlieren haben. Heute ist der Tag, die Kränkungen der Vergangenheit zu vergeben und die alten Streitigkeiten beizulegen. Widme dich denen, die du liebst, ohne zu erwarten, sie zu ändern. Nimm sie so an, wie sie sind, und respektiere die wertvollste Gabe, die sie erhalten haben: ihre Freiheit.

Genieße deine Beziehungen, ohne Dramen daraus zu machen. Wenn du danach strebst, dass alle das tun, was du willst, oder dass sie das sind, was du willst – wenn du danach strebst, deine Mitmenschen zu kontrollieren, füllst du dein Leben mit Konflikten an. Erlaube anderen, ihre eigenen Entscheidungen zu treffen, so wie du deine treffen musst – wobei du stets versuchen solltest, das zu erreichen, was am besten für alle ist. Auf diese Weise wirst du dein Leben mit Harmonie erfüllen.

Und schließlich, worauf wartest du, bis du endlich beginnst, dein Leben zu genießen? Dass sich all deine Probleme regeln? Dass du all deine Traumata loswirst? Dass endlich jemand deinen Wert erkennt? Dass die Liebe deines Lebens deinen Weg kreuzt? Dass zurückkommt, wer fortgegangen ist? Dass alles so wird, wie du es willst? Dass die Wirtschaftskrise endet? Dass dir ein Wunder widerfährt? Dass wie durch Zauberhand alles schön, alles vollkommen ist?

Wach schon auf, Bruder! Wach schon auf, Schwester! Das hier ist das Leben! Das Leben ist weder das, was dann stattfindet, wenn all deine Pläne in Erfüllung gegangen sind, noch das, was dann geschieht, wenn du schließlich hast, was du so sehr begehrst. Das Leben ist das, was in genau diesem Moment geschieht. Dein Leben in diesem Moment ist, diesen Absatz zu lesen, wo und unter welchen Umständen auch immer du das tust. In diesem Moment befördert dein Herz Blut zu all den Zellen deines Körpers und deine Lungen befördern Sauerstoff dorthin, wo er benötigt wird. In diesem Moment erhält dich etwas am Leben, was wir nicht begreifen können, und befähigt dich, zu sehen, zu denken, dich auszudrücken, dich zu bewegen, zu lachen, sogar zu weinen, wenn du möchtest!

Gewöhn dich nicht an das Leben, gewöhn dich nicht daran, jeden Tag aufzuwachen und gelangweilt zu sein oder schlecht gelaunt oder besorgt. Öffne deine Augen und sei dankbar für all die Geschenke des Himmels, die du sehen kannst. Sei dankbar für deine Fähigkeit, den Gesang der Vögel, deine Lieblingsmusik, das Lachen deiner Kinder zu hören. Leg deine Hände auf deine Brust und fühle dein Herz kraftvoll schlagen und zu dir sagen: „Du lebst, du lebst, du lebst."

Ich weiß, das Leben ist nicht perfekt; ich weiß, es ist voller schwieriger Situationen. Vielleicht ist es genau so, wie es sein soll. Vielleicht wurden dir aus diesem Grund all die Werkzeuge gegeben; du brauchst sie, um dich ihm zu stellen: eine große Lebenskraft, die dich Verluste ertragen lässt; die Freiheit auszuwählen, wie du angesichts dessen reagierst, was passiert; die Liebe und die Unterstützung deiner geliebten Menschen.

Ich weiß, du bist nicht perfekt – niemand ist es. Und doch sind Millionen von Umständen zusammengetroffen, damit du existierst. Du wurdest nach einem wunderbaren Entwurf geformt und hast mit der gesamten Menschheit ihre Tugenden und Unzulänglichkeiten gemeinsam. So steht es in deinen Genen geschrieben, in den Genen aller Menschen, die je existiert haben, und in all jenen, die je existieren werden.

Deine Leidenschaften, deine Ängste, deine Wunden, deine Schwächen, deine Geheimnisse und deine Aggression hast du mit all deinen Brüdern und Schwestern gemeinsam. Willkommen im Menschengeschlecht! Alle vermeintlichen Unzulänglichkeiten sind Teil deiner Freiheit, Teil deines Menschseins.
Wenn du dich fragst, wer ich bin, dir all dies zu sagen? Dann werde ich dir antworten: Ich bin niemand. Ich bin lediglich eine andere Ausführung deiner selbst. Ein weiterer Mensch unter Milliarden – aber ein Mensch, der beschlossen hat, frei zu sein und alle Macht seines Lebens zurückzuerobern ...

Ich hoffe, auch du beschließt es: frei zu sein und alle Macht deines Lebens zurückzuerobern.

Anand Dilvar

Anand Dilvar wurde 1966 in Mexiko-Stadt als *Franciso Javier Ángel Real* geboren. Nachdem er das mexikanische Abitur gemacht hatte, lebte er 18 Monate lang in *Washington DC*, wo er als Bote arbeitete.
Nach seiner Rückkehr gründete er mit 21 Jahren den Verlag „*Ángel Publicidad*", in dem er alle Arbeiten selbst erledigte und die ersten seiner selbst geschriebenen Bücher verkaufte. Heute heißt der Verlag, inspiriert von der Lebensphilosophie der Indianer Nordamerikas, *El Camino Rojo Ediciones,* hat sich zu einem der erfolgreichsten Verlagshäuser in Mexiko entwickelt mit mehr als 700 Verkaufsstellen in Mexiko, den USA und in mehreren Ländern Lateinamerikas.
Mit 27 Jahren schrieb Anand Dilvar sein erstes Buch. Bis zum heutigen Tag hat er 25 Werke über Persönlichkeitsentwicklung geschrieben und über 2.000.000 Exemplare verkauft. Mehrere seiner Bücher haben sich auf den ersten Verkaufsplätzen der bedeutendsten Handelsketten Mexikos abgewechselt.
Mit 35 Jahren änderte er sein Leben vollständig und begann eine spirituelle Suche, die ihn unter anderem nach Indien führte, wo er die Führer der östlichen Ideologien kennenlernte. So wurde er im März 2003 in Poona, Indien, zum Schüler von Osho und

änderte seinen Namen in Anand Dilvar, was „*Glück des Herzens*" bedeutet.
Anand Dilvar schreibt weiterhin, weil es etwas ist, das ihm große Befriedigung bereitet. Außerdem führt er sein Verlagshaus *Camino Rojo Ediciones*. Den größten Teil seiner Zeit widmet er aber der Suche nach Lehren und Erfahrungen, die seine eigene Entwicklung fördern, um sie dann in seinen Büchern, Retreats, Workshops und Seminaren mit anderen zu teilen. In seinen Workshops kombiniert er Psychotherapie, Meditationstechniken nach Osho, Philosophie und Zeremonien der Indianer Nordamerikas, um einen Wachstumsraum zu schaffen, der weit über die Selbstüberwindung oder die Suche nach Vollkommenheit hinausgeht, zur Wiedererlangung der persönlichen Macht, der Würde und dem Respekt seiner selbst.

www.pmpmexico.com/caminorojo.html